ひきこもりで いいみたい

私と彼らのものがたり

芦沢茂喜 著
Ashizawa Shigeki

生活書院

はじめに

芦沢茂喜と申します。ソーシャルワーカーという仕事をしています。元々は山梨県内で唯一アルコール治療病棟を有する民間の精神科病院に勤務し、通院、入院をされている方々の生活上の相談に応じる仕事をしていました。

私は精神科病院での勤務を経て、七年前に転職し、山梨県職員となりました。私と今回のテーマであるひきこもり事例との出会いは五年前になります。私は県職員として、初めての異動で山梨県立精神保健福祉センターに配属になりました。後述しますが、山梨県立精神保健福祉センターは全国でも早い時期にひきこもり相談に取り組み、成果を挙げていました。私は配属後すぐにたくさんの事例と出会うことになりました。

配属が決まった時、私にはひきこもり事例に対応できるという自信がありました。それ以前に統合失調症などの影響で自宅にこもり、接触できない事例にたくさん出会っていました。経験があるから対応できる、大丈夫だろうと思っていました。

ですが、配属になり、実際に三〇〜四〇件の担当を持ち、定期的に面接を行い、集団活動を受け持ってみると、私は自分自身の無力さを感じざるを得ませんでした。私は何もできませんでした。

精神科病院に勤務していた時、本人、家族の相談に乗り、何が問題かを分析し、具体的な助言をすることが私の仕事でした。ひきこもり事例でも、私は「ひきこもりはダメ」との認識から、本人や家族から話を聞き、問題を分析しました。精神疾患や発達障害などが疑われれば、精神科への受診を勧め、家族との関係性に問題が見られれば、関係の取り方について家族に助言をしました。ですが、本人は受診せず、本人と家族との関係は変わらず、本人がひきこもる状態はその後も続きました。

困った私は、関わり方を変えてみました。「ひきこもり」を否定せず、「ひきこもりで良い」と肯定し、その上で本人に夢や希望を聞き、それに沿って進めてみようと思いました。ですが、「夢は何ですか？」、「希望は何ですか？」と聞く私に、本人の答えは判で押したように決まって、「別にないです」でした。

ひきこもりを否定するにしても、肯定するにしても、今の状態から変わることを私は彼らに求めていました。私は今よりも、彼らの過去と将来に目を向けていました。過去に原因を求め、将来を心配していました。私に相談があった以上、彼らは変わる必要があり、それを私が求めるのは当然だと思いました。ですが、そんな私の意図を見透かすように、彼らは変わることに抵抗しました。私が変化を求めれば求めるほど、彼らは抵抗し、話は進まなくなりました。結果として、私は彼らに対して何もできませんでした。

面接時、私は本人からの「別にないです」との返事に、次の言葉が出てこなくなり、彼らと会うことに苦痛を感じるようになりました。精神科病院に勤務していた時に、私に相談をしてくれた人達のことを思い返し、「彼らの方が良かった。それに比べ、私の頑張りに反応をしてこないひきこもり事例は困った事例だ」と思いました。

苦痛を回避したい気持ちから、私は「ひきこもり」に関する書籍を読みました。様々な立場で書かれた書籍のうち、入手できるものは読みました。ただ、それらを読んでも、私が具体的にどのように話を聞き、どのように今後進めていったら良いのかについて教えてくれるものは見当たりませんでした。

どうすればいいんだろう？　私は自分自身が感じた苦痛の原因を考えてみることにしました。私は専門職としての役割を果たせていないことに苦痛を感じていました。

では、専門家としての役割とは何か？　専門家は対象者の問題を評価し、その改善に向けた計画を立て、実行することが求められます。国の「ひきこもりの評価・支援に関するガイドライン」によれば、ひきこもり支援の目標として就労が設定されています。専門家は就労という目標に向けて、問題である「ひきこもり」の状態を評価し、今後について計画を立て、進めることが求められます。ですが、私にはそれができませんでした。

では、できるようになるのか？　私はできないと思いました。就労を目標にしても解決するとは思えず、就労だけを目標に設定すること自体に無理があるように思いました。私は支援することを仕事にしています。支援とは、困っている人に対して手助けをすることだと考えた場合、ひきこもり事例に困っているのは他でもない私でした。困っている私が困っていない彼らをどうにかしたいと思っており、私が思い描くように彼らが動いてくれない状況に私が無力さを感じているだけだと思いました。

また、専門家としての役割を果たせない私の無力さは、精神科病院で出会ってきたアルコール依存症者との関わりで感じたものと同じであると思いました。アルコール依存症者は飲酒を自分の意思でコントロールすることができません。ただ、自分の意思でコントロールできないことを本人が認めることは難しく、自ら相談に来ることは稀です。一緒に暮らす妻や母親などが酒を止めることを求め、本人への説得などを試みるものの、上手くいかず、私の所に相談に来ます。相談の結果、私が本人と関わり、受診に繋がったとしても、他の疾患と異なり、薬で状態が改善されるわけではありません。薬は補助の役割でしかなく、本人がアルコールとの付き合い方について向き合い続けることが求められます。専門家と呼ばれる者の役割は少なく、本人が自分自身の専門家になります。

周りからは専門家と見られる私が家族からの相談を受け、本人へのアプローチを試みても、私が求めるように本人は動いてくれず、無力感を感じる。構図が同じであり、無力感は相手をコントロールできない時に生じると考えれば、家族は家族が求める方向に本人をコントロールしようとして上手くいかず、私は家族と本人をコントロールしようとして上手くいかないのだと思いました。

そもそも、私がコントロールできない「ひきこもり」とは問題なのか？　私は問題ではないと思いました。私は、問題とは「私（達）が考えていること」と「相手が考えていること」との間のズレであり、人や機関などとの間で折り合いがつけられなくなった時に生じると考えました。そうであれば、「ひきこもり」が問題ではなく、ひきこもるという行動が家族や周りと折り合えなくなっていることが問題であると思いました。また、本人はひきこもるという手段を使い、周りと折り合いをつけようとしている人であり、私は本人が周りと折り合いをつける過程を一緒に悩み、伴走する人であると考えた場合、本人が家族、周りとの間で折り合っていき、落とし所を探していくことが重要だと思いました。

そう考えると、問題は私の考えを受け入れてくれない相手の問題でも、相手の考えを受け入れられない私の問題でもなく、お互いに折り合いをつけられない、私と相手との関係（あいだ）の問題であると思いました。

では、折り合いをつけていくためにはどうしたら良いのか？　私は「対話」が必要であると思いました。劇作家の平田オリザさんは、「対話」は「会話」とは異なることを指摘し、「会話」を「価値観や生活習慣なども近い親しい者同士のおしゃべり」、「対話」を「あまり親しくない人同士の価値観や情報の交換。あるいは親しい人同士でも、価値観が異なるときに起こるその擦りあわせなど」と定義しています★1。

そして、哲学者の鷲田清一さんは、対話について以下のように書いています。


「〈対話〉は、〈略〉共通の足場を持たない者のあいだで、たがいに分かりあおうとして試みられる。そのとき、理解しあえるはずだ、という前提に立てば、理解しあえずに終わったとき、「ともにいられる」場所は閉じられる。けれども、理解しあえなくて当たり前だ、という前提に立てば、「ともにいられる」場所は、もう少し開かれる。〈対話〉は、他人と同じ考え、同じ気持ちになるために試みられるのではない。語り合えば語り合うほど他人と自分との違いがより微細に分かるようになること、それが〈対話〉だ。」★2

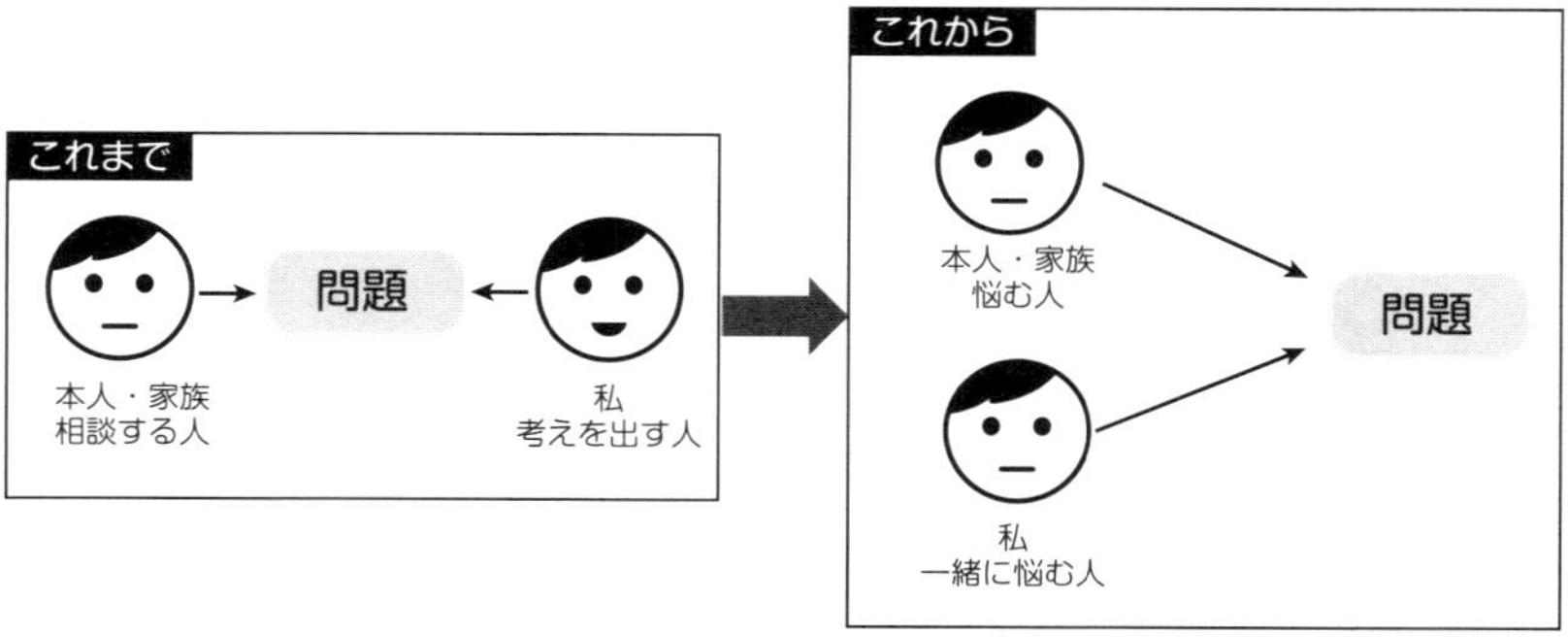

図１　立ち位置の変化

私は福祉制度や精神保健に関する知識を持っています。その点において、私は専門家なのかもしれません。ですが、本人がこれからどう生きていくのかにおいて、私は素人であり、専門家は彼らであり、私は彼らを応援することぐらいしかできないように思いました。

私は相手に理解を求めることを止め、専門家の役割（立場）から降りることにしました。私は原因探しをすること、将来の希望や目標を聞くこと、変化を求めることを止めました。これまでのように、「ひきこもりはダメ」や「ひきこもりが良い」といったように予め断定することを止め、今の状態を認めることにしました。問題を評価し、計画を立てることを止め、家族、本人が周りとの間で悩みながら、折り合っていく過程についていくことにしました（図1参照）。

私は、①困っているのは誰か、②家族、本人が困っていることは何なのか、③周りと折り合えることとは何なのかを考え、家族が本人との間で、本人が家族、私、集団、社会との間で折り合いをつけることができるような状況を作り、どのように折り合っていくのかを、見守り、関わり続けることにしました。

専門家として関わろうとしていた時は、「ひきこもり」を解決し、私との関係を終結させることを目指していましたが、関係の継続を目指すことにしました。また、これまでは専門家として過去に原因を求め、相手の未来を考えていましたが、過去と未来よりも、現在、今に目を向けることにしました。アルコール依存症者のアルコールとの付き合い方について、断酒会では「一日断酒」、「今日一日」という言葉が使われます。将来のことは分かりません。明日、飲んでしまうかもしれません。でも、今日一日は飲まない。今日一日を続け、それが七日続けば一週間、三〇日続けば一か月、三六五日続けば一年になると考えます。戻ってこない過去でも、分からない未来でもなく、大事なことは今であり、今の繰り返しが未来に繋がると考えることにしました。

「今、何をしているのか?」「今、何をしたいのか?」など、今に注目しながら、話をしていくと、これまで上手くいかなかった事例が動き出すようになりました。結果的には、集団活動の参加者が増え、就労など、社会の中で本人が役割を見つけ、終結に至る事例が増えるようになりました。

具体的に成果が出てくると、外部から実践報告をしてほしいとの依頼を多く受けるようになりました[★3]。報告をさせて頂くと、多くの人が五年前の私と同様に、「ひきこもり」の対応に困っていることに気づきました。私の経験が役に立つかもしれないと思いました。

本書は私が所属してきたまたは所属している機関を代表した報告ではなく、あくまでも右記のような思いから完成した、ひきこもり事例との関わりについての「私」の記録です。「ひきこもり」は公式な定義では「さまざまな要因の結果として社会参加を回避し、原則的には六か月以上にわたって概ね家庭にとどまり続けている状態（他者と交わらない形での外出をしていてもよい）」（齊藤他 2010）とされていますが、本書ではひきこもりを主訴にした相談を全て「ひきこもり」として一括りに捉えました。

また、前述のガイドラインによれば、ひきこもり支援は家族の相談から始まり、本人と出会い、本人が集団の場で活動することを支え、就労に繋げていくことが想定されています。本書では便宜上、家族の相談から始まる一連の流れに沿って、私がどのように対応しているのかを事例を交え、より具体的に記載しました。事例については、私自身が二〇代～三〇代を対象にすることが多いことから、その年代を中心にしました。そして、不登校を含む一〇代の「ひきこもり」と、最近、話題になっている四〇代、五〇代の「ひきこもり」についてはそれぞれ章を別にして記載しました。

なお、本書に登場する事例については全て仮名であり、匿名性に配慮し、個人が特定できないように内容を一部加工・修正しました。

■注
1　平田オリザ 2012『わかりあえないことから――コミュニケーション能力とは何か』講談社：95-96
2　鷲田清一『対話の可能性』せんだいメディアテークのホームページより（https://www.smt.jp.dialogues）
3　平成二六年度に開催された厚生労働省「ひきこもり対策研修」、信州大学大学院で開催された公開セミナー「就労支援の国際比較」などで報告しています。

■参考文献

木下大生・後藤広史・本多勇・木村淳也・長沼葉月・荒井浩道 2015『ソーシャルワーカーのジリツ――自立・自律・而立したワーカーを目指すソーシャルワーク実践』生活書院
松本俊彦 2016『よくわかるＳＭＡＲＰＰ――あなたにもできる薬物依存者支援』金剛出版
森川すいめい 2013『漂流老人ホームレス社会』朝日新聞出版
信田さよ子 2014『依存症臨床論――援助の現場から』青土社
齊藤万比古他 2010『ひきこもりの評価・支援に関するガイドライン』「思春期のひきこもりをもたらす精神科疾患の実態把握と精神医学的治療・援助システムの構築に関する研究（主任研究者　齊藤万比古）」(http://www.ncgmkohnodai.go.jp/pdf/jidouseishin/22ncgm_hikikomori.pdf)
鷲田清一 2010『わかりやすいはわかりにくい？――臨床哲学講座』筑摩書房

ひきこもりでいいみたい――私と彼らのものがたり

目次

第1章　問題の背景

第2章　家族との出会い　離れてみよう！　［自立／依存］

第3章　本人との出会い　会ってみよう！〔精神保健／生活〕

第4章　本人と集団との出会いを応援する　やってみよう！［対人関係／興味］

第5章　本人と社会との出会いを応援する　続けてみよう！［責任／役割］

第6章　一〇代のひきこもりとの出会い　待ってみよう！

第7章　高年齢のひきこもりとの出会い　折り合ってみよう！

第1章

問題の背景

1　ひきこもりの変遷

「ひきこもり」の実数については正確な把握は難しく、平成二八年の内閣府の調査では自分の趣味に関する用事の時だけ外出する者も含め五四・一万人いると報告されています（内閣府 2016）。五年前にも同様の調査が実施されており、平成二八年の調査では五年前よりも一五万人余り減少したと報告されていますが、調査対象の年齢に四〇歳以上の者が含まれておらず、五年前の調査から約一七万人が四〇歳を超えたとの推測が出され（徳丸 2017）、実態の十分な把握ができなかったと指摘されています（池上 2014）。

「ひきこもり」については、状態像を示す概念である為、これまで様々な現象との関連から問題視されてきました。まず、一九八〇年代後半に不登校児が就学年齢を過ぎても社会参加を回避する状態として顕在化しました。不登校は「何らかの心理的、情緒的、身体的あるいは社会的要因・背景により、登校しない、あるいはしたくてもできない状況にあるため年間三〇日以上欠席した者のうち、病気や経済的な理由による者を除いたもの」と定義されています。直近のデータである文部科学省「二〇一六年度児童生徒の問題行動等生徒指導上の諸問題に関する調査」の速報結果によれば、不登校の小中学生は一三万四三九八人（八四〇七人増）にのぼることが報告されています。

もちろん、全ての不登校児がその後、「ひきこもり」になる訳ではありませんが、「ひきこもり」のきっかけとして不登校を経験している者は相当数存在しており、不登校事例全体の一〇～二〇％程度が長期の社会的ひきこもり状態に至ることが推定されています（齊藤 2013）。また、不登校経験がなくても、ひきこもり事例は学校経験が豊かさに欠け、辛く厳しいものであることが指摘されています（萩野 2017）。

二〇〇〇年代に入ると、就学・就労・職業訓練のいずれも行っていないことを意味するニート（Not in Employment,Education or Training）の概念が登場しました。総務省の労働力調査によれば、一五歳から三九歳までのニート数は、二〇一六年で約七七万人と報告されており、国は対策として全国各地に「地域若者サポートステーション」を設置し、職業的自立に向けた専門的相談支援、就職後の定着・ステップアップ支援などを提供しています。近年、対象の高年齢化が指摘されており、二〇一八年度より、三九歳までだった対象に四〇～四四歳も含めるとの国の方針が出されています。

そして、二〇一〇年に前述のガイドラインが「ひきこもり」の背景に精神保健上の問題があることを指摘したことを受け、精神保健の問題として捉えられることになりました。このことに関連して、全国五か所の精神保健福祉センターで精神医学的評価・診断を行った結果、全ての当事者に診断名がつき、それらは「うつ病などの気分障害や不安症、統合失調症」（1群）、「発達障害など」（2群）、「パーソナリティ障害など」（3群）の三グループに分類できたと報告されています（近藤他 2010）。ただ、この報告については「精神保健福祉センターを選んで相談に訪れるというのは最初から何らかの疾患を疑わざるを得なかった人たちである可能性が高い（徳丸 2017）」との指摘がある一方で、「公的相談機関に来談した人と、民間支援団体の施設を利用した人が質的に異なるという反論は根拠を欠く（近藤 2017）」との指摘がなされています。

調査結果の妥当性についての評価は分かれるものの、「ひきこもり」と精神保健との関連の深さについては共通して指摘されており、就学、就労、職業訓練のいずれも行っていない一五～三九歳のニート対策として全国に設置された地域若者サポートステーションでは、利用者全体の三～五割弱に精神障害や発達障害の診断や疑いがあることが報告されています（宮本 2015a）。また、新規登録者の半数が滞留し、その七割に疾患や障害が疑われるものの、診断ありの者は五割に過ぎず、その中で障害者手帳の保持者は五％に過ぎなかったとの報告もされています（宮本 2015b）。

ただ、上記のように様々なラベルが貼られ、対策が講じられてきたものの、残念ながら十分な成果を挙げることができず（竹中 2016）、二〇一〇年代に入ると、一九八〇年代後半に顕在化した「第一世代のひきこもり」が四〇～五〇代を迎え（斎藤 2016a）、「ひきこもり」の長期化・高年齢化（池上 2014）が指摘されるようになりました。ＫＨＪ親の会や各都道府県が実施する実態調査などでも、それを裏付ける結果が報告されています（竹中 2016）。全ての事例に当てはまる訳ではありませんが、不登校の事例がニートになり、その後精神保健の問題が生じ、年齢と共に家族のサポートが無くなり、生活困窮に陥るといったことが高年齢化の背景として挙げられています。

また、最近では就職したものの、その後退職し、自宅にひきこもる事例が増加していることが指摘されています。親との同居世帯では子どもと共に同居する親も高齢化し、認知症などにより、親が要介護状態となり、子どもに介護者の役割が求められるものの、役割が果たせず、放任や経済的虐待などの高齢者虐待が顕在化するようになりました（春日 2015）。また、親との同居は親の住居に住み、親の年金などで生活を送ることになり、親の死亡後は親の年金が無くなり、貯金が底をつけば、生活を送れず、生活保護を受給する事例が増えることが予測されており（山田 2107）、「ひきこもり」は「貧困問題」としても捉えられるようになりました（斎藤 2016b）。市町村は財政状況が厳しい中、増大が予測される生活保護費などの負担を危惧しており、親と子どもの年齢から「七〇・四〇問題」、「八〇・五〇問題」と指摘され、問題視されるようになりました。

2　国のひきこもり支援対策

「ひきこもり」については、先行して家族会などの民間支援団体による取り組みが行われてきましたが、長い間、直接対象とする法律はなく、国及び自治体の政策・施策によって支援が展開されてきました（長谷川 2014）。まず、各都道府県・指定都市に設置された精神保健福祉センターにより、「特定相談

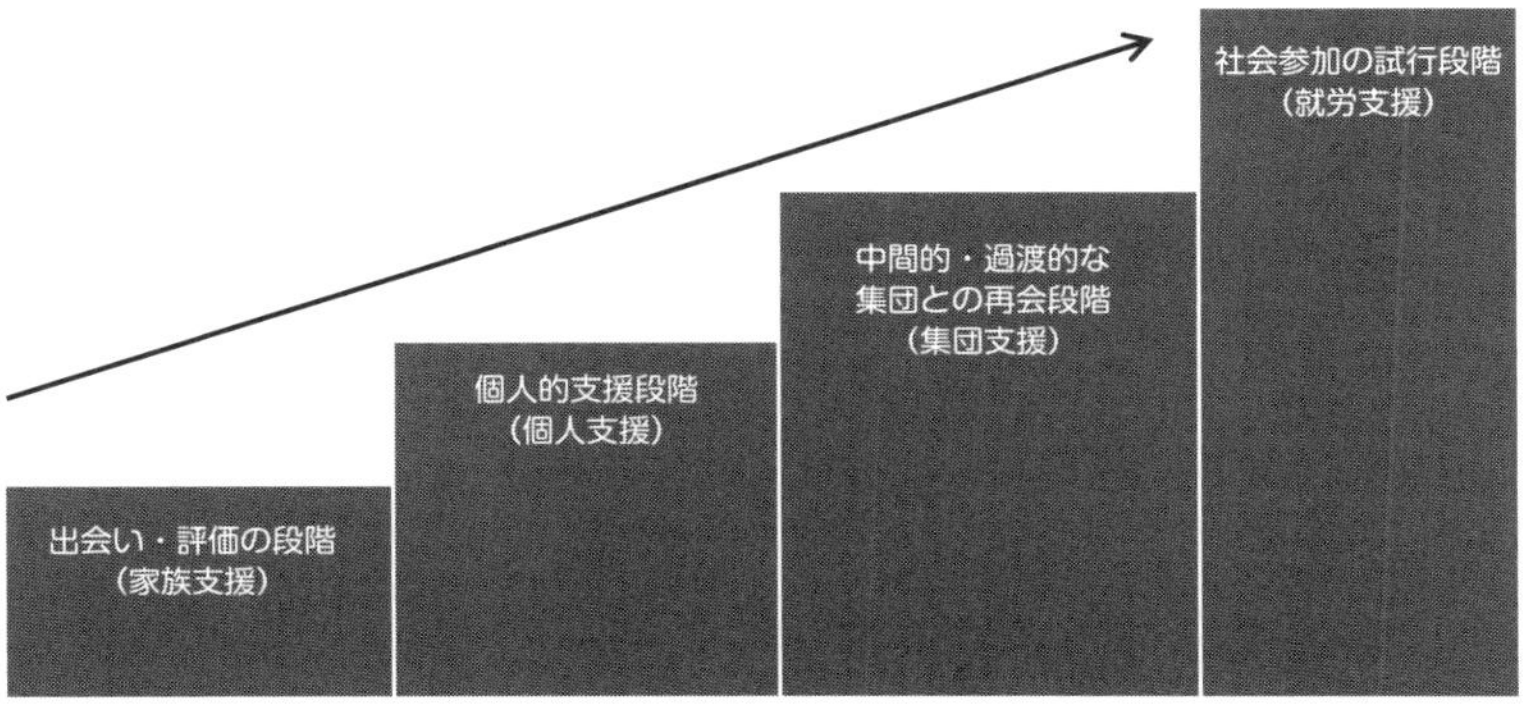

図２　ひきこもり支援の諸段階
出典：斉藤万比古他（2010）「ひきこもりの評価・支援に関するガイドライン」を修正

事業」の思春期相談として取り組まれました。前述のガイドラインによれば、「出会い・評価の段階（家族支援）」、「個人的支援段階（個人支援）」、「中間的・過渡的な集団との再会段階（集団支援）」、「社会参加の試行段階（就労支援）」と段階的に対応することが推奨されており、各精神保健福祉センターでは家族支援として家族教室や家族会を実施し、集団支援としてデイケアなどが行われました（図2参照）。

ただ、これらは精神保健福祉センターの行っている取り組みの一部との位置づけであることから、厚生労働省は二〇〇九年度から「ひきこもり対策推進事業」を創設し、各都道府県・指定都市に「ひきこもり」に特化した第一次相談窓口としての機能を有する「ひきこもり地域支援センター」を整備する方針を立てました。各都道府県・指定都市では精神保健福祉センターが「ひきこもり地域支援センター」を兼ねる所や直営ではなく民間委託を行う所が見られました。

二〇一三年、生活困窮者自立支援法が制定され、二〇一五年度より福祉事務所を設置する地方自治体（都道府県と市）が設置した自立相談支援機関が、必須事業として「ひきこもり」を含む生活困窮者の相談（自立相談支援）に応じることになりました。また、任意事業として就労準備支援、一時生活支援、家計相談支援、学習支援が設けられ、前述の「ひきこもり対策推進事業」も同法の中に組み込まれることになりました。ただ、同法の対象者は「現に経済的に困窮し、最低限度の生活を維持することができなくなるおそれのある者」と定義されており、対象の明確化や限定、全国的な一律化が困難であり、窓口により対応が異なり（垣田 2016）、十分に行きわたっておらず（池上・加藤 2016）、必ずしも十分な対応ができているとはいえません。また、ひきこもり支援と関係がある就労準備支援については、二〇一七年四月時点で実施自治体は三九三か所（四四％）であり、実施率が五割未満という状況が見られます（五石 2017）。

3　山梨県のひきこもり支援対策

山梨県では、二〇〇〇年頃から当時の精神保健福祉センターの所長が精神療法的な関わりに基づく支援を行い、その後は電話と来所を中心とした個別支援に加え、家族教室、親の会、集団支援（SST、AG）を行ってきました（芦沢・小石 2017）。

家族教室は所長（医師）が「ひきこもり」に関する講義を全三回1クールで行い、家族教室に参加した家族による親の会を保健師が担当しました。SST（ソーシャルスキルトレーニング）については心理士が担当し、外部のグループトレーナー（心理士）と共に、月に二回開催しました。AGについては、

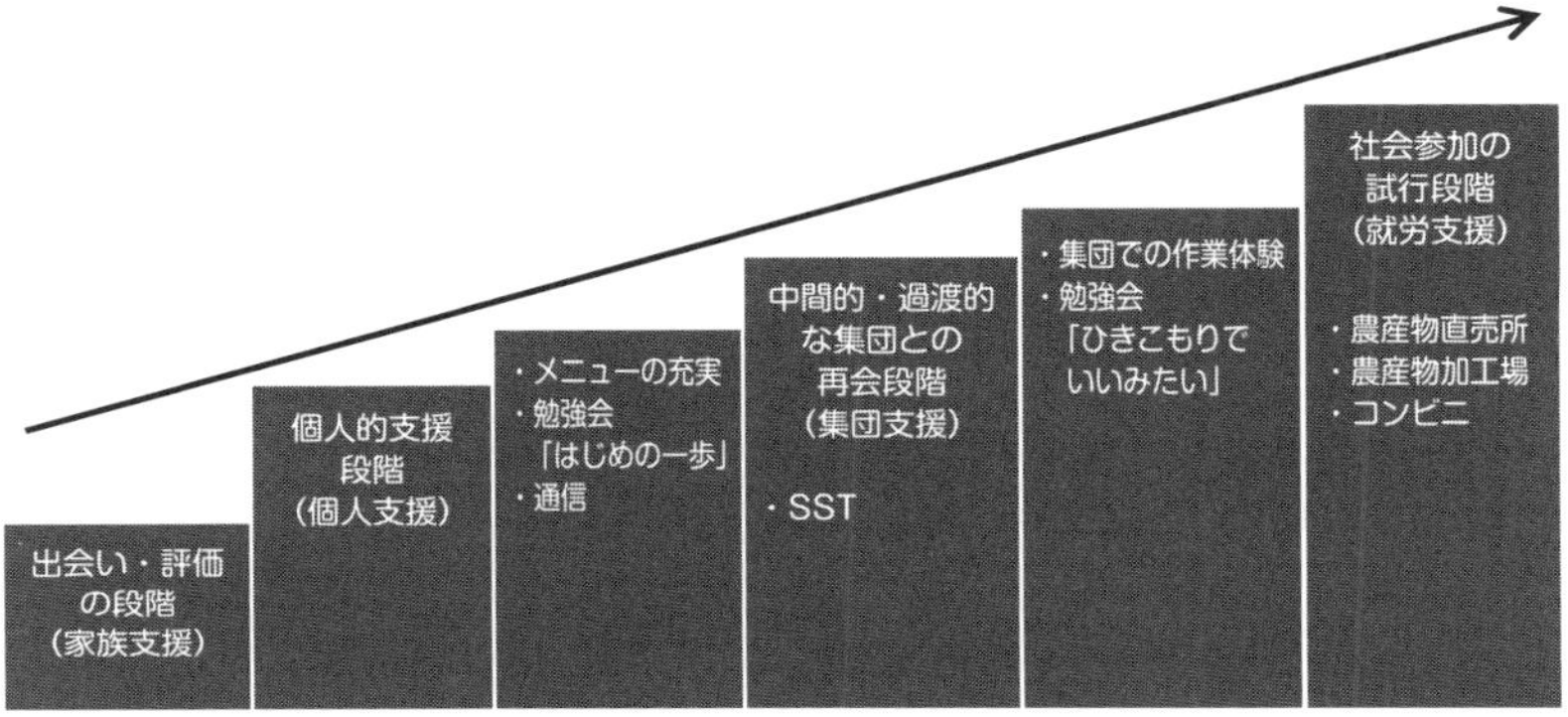

図３　山梨県立精神保健福祉センターにおけるひきこもり支援の諸段階
出典：斉藤万比古他（2010）「ひきこもりの評価・支援に関するガイドライン」における図を修正

アクティビティグループの頭文字から名付けられたグループであり、開始当初は作業療法士と心理士が担当していましたが、精神保健福祉センターへの作業療法士の配置がなくなったことに伴い、作業療法士に代わり精神保健福祉士が担当になりました。

就労支援については、これまで取り組むことができませんでした。既存の就労支援を受ける為には精神科受診や制度利用が求められるものの、それらを拒否する者も多く、結果的に相談事例が次の段階へ行けず、滞留し続けている状況が見られました。そのような状況に対して、二〇一三年度より、コンビニエンスストア（以下、コンビニ）などの協力を得て、診断・制度利用を前提としない就労支援に取り組みました（芦沢 2016）。また、ＡＧの回数を増やし、内容を対人関係の改善に重点を置いたものから、本人の興味・関心に重点を置いたプログラムに変更しました。ＡＧの前後の取り組みとして、ＡＧに繋ぐ為にＡＧを紹介した通信や参加者を講師に招いた勉強会を開催すると共に、その後の就労支援に繋ぐ為に集団での作業体験や既に作業体験をしている者を講師に招いた勉強会を開催しました（図3参照）。

山梨県では、精神保健福祉センターの取り組みとは別に、地元紙が二〇一四年八月、「ひきこもり」を題材にした連載「山梨発　ひきこもりを考える～扉の向こうへ」を開始しました（石川他 2017）。連載は二〇一五年六月まで続けられ、関連記事を含めると、記事は一〇〇本を超えました。地元紙がここまで一つの社会問題に取り組んだことは珍しく、地元紙と「ひきこもり」家族の全国組織である「KHJ親の会」の全面支援を受け、県内にも家族会が設立され、活動状況などが連日に渡り一面で連載されました。

二〇一五年七月、県は島根県などの調査を参考に、民生・児童委員二三三七人を通じた実態調査を実施し、県内には推計一〇四三人の当事者がおり、その六割が四〇歳以上であり、四割ほどが、一〇年以上、現在の状態を継続しているとの結果を報告しました。そして、県全体の支援方策を検討する場として家族会などの関係団体を構成メンバーとする検討会議を設置すると共に、電話による「ひきこもり」の専用相談窓口を開設し、精神保健福祉センターが「ひきこもり地域支援センター」の役割を果たすことになりました。

また、県では生活困窮者自立支援法の施行により、「ひきこもり」の相談は市町村が担うことが期待されるものの、ノウハウがないなどを理由に対応ができないとの市町村の声も多いことから、県内五か所に設置された保健所が市町村の技術支援を行う形を取ることになりました。次章以降、この五年間、私が精神保健福祉センター、保健所で行ってきたひきこもり支援についてお話ししていきたいと思います。

■参考文献

芦沢茂喜 2016「集団支援段階以降のコンビニを活用したひきこもり事例への支援」『ソーシャルワーク研究』42(3):50-55
――― 2017「集団支援段階以降のひきこもり事例への支援」『医療社会福祉研究』25: 55-61
芦沢茂喜・小石誠二 2017「ひきこもりケースへの県立精神保健福祉センターにおける就労支援の取り組みの報告」『思春期青年期精神医学』27(1):74-80
五石敬路 2017「生活困窮者自立支援の特徴と課題――アクティベーションと言えるか?」『貧困研究』19: 5-17
萩野達史 2017「予防・教育的アプローチ」一般社団法人日本臨床心理士会監修、江口昌克編『ひきこもりの心理支援 心理職のための支援・介入ガイドライン』金剛出版:157-174
長谷川俊雄 2014「ひきこもりの現象と援助」岩崎晋也・岩間伸之・原田正樹編著『社会福祉研究のフロンティア』有斐閣:72-75
池上正樹 2014『大人のひきこもり』講談社
石川良子・川北稔・池上正樹 2017「ひきこもりへの支援を通じた地域づくり」境泉洋編著『地域におけるひきこもり支援ガイドブック』金剛出版:133-157
内閣府 2016『若者の生活に関する調査報告書』http://www8.cao.go.jp/youth/kenkyu/hikikomori/h27/pdf-index.html
――― 2017『平成二九年版 子供・若者白書』日経印刷株式会社
春日キスヨ 2015「「男性介護者問題」と介護家族支援」『現代思想』43(6):82-191
齊藤万比古他 2010『ひきこもりの評価・支援に関するガイドライン 厚生労働科学研究費補助金こころの健康科学研究事業「思春期のひきこもりをもたらす精神科疾患の実態把握と精神医学的治療・援助システムの構築に関する研究」』(二〇一六年三月一〇日取得 http://www.ncgmkohnodai.go.jp/pdf/jidouseishin/22ncgm_hikikomori.pdf)

斎藤環 2013「ひきこもりと不登校」『公衆衛生』77（5）：355-359
―――― 2016a『ひきこもり文化論』筑摩書房
―――― 2016b「ひきこもりと貧困」『精神療法』42（6）：835-836
竹中哲夫 2016『子ども・若者支援地域協議会のミッションと展望――〈増補版〉長期・年長のひきこもりと若者支援地域ネットワーク』かもがわ出版
徳丸亨 2017「親なき後を見据えた支援」一般社団法人日本臨床心理士会監修、江口昌克編『ひきこもりの心理支援 心理職のための支援・介入ガイドライン』金剛出版：150-154

第2章

家族との出会い　離れてみよう！

［自立／依存］

「支える－支えられるという関係はつねに反転する。別の言い方をすれば、依存は「ぶら下がり」ではないし、さらには一方的なものでもない。依存はつねに相互的である。〈略〉「自己決定」をするにはじぶんに見えないものが多すぎるのであり、自己の存在についてすら「責任」をとりきれないのがわたしたちなのだ。〈略〉そういう不完全な存在という意味では、だれもが傷や病や障害を普通のこととして抱え込んでいると言ってよい。「ぶら下がり」というかたちをとらせるケアの制度化によって、ケアの「専門職」としてその任にあたっているひとは、じぶんが他人によるケアを必要としない「強い」主体だと、（同じくこの制度によって）「弱い」とされているひとの前で思い込むにすぎない。」（鷲田清一 2008：61-63）

1　はじめに

これより、家族支援、個人支援、集団支援、就労支援の順に、私が専門職から受ける質問、意見を取り上げ、それに対する私の考えを述べた上で、具体的な取り組み内容について事例を交えながら、お話ししていきたいと思います。

家族支援のお話をすると、「家族が相談をしてこない」といった話を聞きます。私はこの五年、多くの家族から相談を受けてきました。ですが、ほとんどの家族が私への相談の前に他の機関への相談経験を持っていました。前述のように、最近は八〇代の親と五〇代のひきこもりの子どもとの同居世帯が親の介護などを契機に問題として顕在化し、「八〇・五〇問題」として注目を集めるようになりました。親からは、以前他の機関に相談した時にどうすることもできないと言われ、相談することを諦めていたとの話を聞きます。「家族が相談をしてこない」ではなく、「以前、家族は相談をしたことはあったけれど、上手くいかなかったので、今は相談をしてこない」というのが実情に合っているように思います。

また、「家族に問題があり、本人を動かす力がない」という話も聞きます。この話には外の力で動かさない限り、本人は動かないとの考えがあるように思います。ですが、そもそも外の力で本人を動かすことはできません。本人を動かす力は本人にしかありません。私達ができることは本人を動かすことではなく、本人が動けるような環境を整えることのように思います。

私は家族支援において、「離れる」ということを意識して関わっています。「離れる」とは文字通り、家族と本人が物理的に少しずつ離れることであり、これまで本人のことを我が事のように考えていた家族が、家族自身のことと本人のことを少しずつ分けて、考えられるようになることを意味します。

このことに関係して、「自立」と「依存」について考えておきたいと思います。家族は本人の自立を望んでいます。ただ、家族は自立を望んでいる一方で、本人の世話をせざるを得ない状況に置かれています。家族が行っている行動が自立を阻害し、依存を助長しているように見られてしまうこともあります。その場合、本人を自立させる為には、家族が本人を依存させてはならないと考えることもできるのかもしれません。ただ、誰にも頼らずに生きている人間はいません。「自立」とは誰にも頼らずに生きていくことではなく、誰かに頼り切らずに生きていくことだと思います。熊谷晋一郎は「自立とは依存先を増やすこと」と指摘しています。問題は本人が家族に依存していることではなく、家族だけに依存し、家族以外に依存できないことであり、「依存」がダメで、「自立」が良いという話ではありません。自立とは、「他人との相互依存のネットワークをいつでも使える用意ができている（鷲田 2010）」ことであり、誰にどこまで依存し、どこから自立していくのかという程度の話であり、大事なことはそれぞれの家族と本人との関係において、どこがほどほどに良い関係なのかを試行錯誤し、互いに折り合うことができる所を探ることだと私は思います。以下、私とひきこもり家族との出会いについて、事例を交えて話していきたいと思います。

2　電話予約

ひきこもり相談は一本の電話から始まります。電話の主は、ほとんどが母親です。

通常、家族からの電話を受ける場合、状況を細かく聞き、所属する機関が対応可能か否かを判断し、より適切な機関があればそちらを紹介することが求められます。ですが、私は状況を細かく聞かないことにしています。細かく聞いてしまうと、家族は話を聞いてもらえたと感じ、私は話を聞いたと感じ、お互いに電話だけで結論を出そうとしてしまう恐れがあります。結論が次の展開に続くのであれば良いのですが、私の経験上「何か動きがあったら、また電話します」と家族が言うか、私自身が「何かあったら、また電話を下さい」と言うことになります。大事なことは関係の継続、次の展開に繋げていくことだと考えた場合、私がすべきことは名前（苗字のみ）、住所（市町村までで細かくは聞かない）、子どもの年齢を聞き、直接家族と会う日程を決めることです。日程が決まれば、私の勤務先まで家族が来所することが可能か、難しいようであれば自宅近くの公共施設であれば来所することが可能か、それでも難しいようであれば私が自宅に行き、話を聞くことは可能かといった形で、私と家族が会う形を決めていきます。

3　匿名相談――亨さんの場合

家族の中には氏名、住所などの個人情報を話すことを躊躇し、話さない人もいます。また、私と会うことを拒み、電話での継続相談を望む人もいます。その場合は家族の求める匿名の電話相談を継続することにしています。
家族が、匿名で、私と直接会うことを拒む理由としては、世間体などの周りの目を気にしていることが挙げられます。また、以前他の機関も含め、相談をした経験があり、その時に家族が望む対応を取ってもらえず、「話を聞くだけで終わりという経験から疑心暗鬼になっており（山根 2018）」、今回電話をした機関、相談員（ここでは私）に今後も相談をしても良いか否かを判断した上で話を進めたいとの気持ちが影響している場合もあります。

亨さん（仮名）は二〇代の男性。高校卒業後、第一志望の大学受験に失敗し、第二志望の大学に進学しました。大学では元々、人間関係を築くことが苦手だったため、友達を作ることができませんでした。大学は偏差値や名前で選び、特に学びたいことがあった訳ではありませんでしたが、休まず講義に出席し、卒業しました。卒業後、就職活動はしたものの、自分が何をしたいのかが亨さんには分かりませんでした。家族からは求人が出ている仕事を選ぶように勧められましたが、安定した仕事につきたいとの気持ちから行動には移せませんでした。ただ、安定した仕事を探し、公務員試験の勉強をしたものの、思うように勉強が進まず、自宅での生活が続いていました。

心配した母親が私の所に電話をしてきました。母親は私に名前、住所など、個人情報を話すことを嫌がりました。二年前、母親は他の相談機関に電話をし、亨さんを説得して、一緒に相談に行ったことがありました。その時に、本人が進路について相談した所、相談員より「それは本人がどう希望するかの問題であり、こちらからアドバイスすることはない」と言われたことに亨さん、母親ともにショックを受け、それ以降亨さんは相談機関に相談することを嫌がり、母親は相談しても同じことを言われるのではないかと考え、相談することを躊躇していました。

私は母親の話を定期的に聞き続けました。母親がしてきたこと、それに対する本人の反応、その時の母親の気持ち、今の心配などを聞き続けました。その上で、「お母さんがされてきたことは母親であれば当然のことであり、誰かが悪い訳ではありません。その時はそうせざるを得なかったのだと思います。お母さんがいて下さったから、本人は生活ができたのだと思います。ただ、私も含めお母さんも年を取ります。これまでのような形で本人と付き合っていくのは大変であり、そのことを思うとお母さんも心配になると思います。今回、お母さんが私に電話をくれて、私は亨さんについて知ることができました。ありがとうございます。今後、彼と付き合っていくにはどうしたら良いのか、亨さんとの折り合い方について一緒に考えていきましょう」と伝えました。

これまで母親は亨さんのことを自分のことのように考えていました。彼のことは自分が一番良く知っているると思っていました。亭さんが不平・不満を話せば、一時間でも話を聞き続けていました。彼が部屋で物を投げれば、この後何かあっては困ると先回りの心配をし、その日は外出せず、隣の部屋で一日過ごしていました。亭さんの生活に母親は全て合わせていました。

電話相談を続ける中で、母親は「本人に合わせて行動しても、こちらが望む方向に本人の行動が変わる訳ではない。これまで、こちらが本人の行動に一喜一憂して、通常の生活を送ることができなかった」と思うようになりました。そして、母親は亭さんからの不平・不満は時間を決めて聞き、彼が物にあたる時は事前に彼に話し、家から避難するようになりました。

母親との電話は、多い時は週二回、少ない時は月に一回程、一年半続きました。そんなある日の電話で、母親から「本人が自分の進路について迷っており、誰かに相談しようかなと話している」との話がありました。私は改めて母親に、私のことを亭さんに紹介してほしいと伝えました。それから二週間後、匿名の電話が私の所に入りました。

私　　：お電話変わりました、芦沢と申します。
亭さん：電話をするのは初めてですが、多分、母親が私のことで芦沢さんに相談しています。
私　　：こんにちは。初めまして。芦沢と申します。
亭さん：何から話して良いのか、分かりませんが、進路のことで悩んでいます。
私　　：そうですか。具体的に聞いてもよろしいですか。

亨さん：何をして良いのか分かりません。年を取ってきたので、新卒の求人にはエントリーできません。年を取ると、出てくる求人は良い所はありません。安定している所が良いと思い、公務員試験の勉強をしました。でも、勉強を続けることができませんでした。公務員がダメであれば、資格を取ることを考えましたが、何が良いのか分かりません。時間ばかりが経ってしまい、どうしたら良いのか悩んでしまいます。
私　：悩んでしまうのは当然のように思います。私の所にも細かい所の違いはあっても、同じような相談はきます。皆さん、どこで決断したら良いのかで悩んでいますね。他の方もそうですが、定期的な相談を続けさせて頂いています。電話での相談を続けさせて頂けませんか？
亨さん：はい。お願いします。

その後、亨さんとは電話での定期相談を続けることになりました。定期相談の間隔は、その日の電話相談の終わりに、次回はいつ頃が良いかを本人に聞き、私の予定を確認しながら、決めています。内容により、翌日の時もあれば、一週間後、二週間後など、様々です。大事なことは私の希望、私の予定ではなく、相手の希望に合わせ、こちらがどういう形であれば対応できるかを考えることにしています。
「ひきこもり」の話を専門職にすると、家族、本人に会えれば良いが、会えなければどうにもできないという話を聞きます。もちろん、会えることは良いことです。ただ、会えることはゴールではありません。私は会えるか、会えないか以上に、会った上で私が家族、本人とどうしていくのか、会えなければどうするのかの方が重要であるように思います。

4　家族面接――裕貴さん、恵子さんの場合

実際に家族と会う時には、家族が考える子どもがひきこもりに至った物語に沿って話を聞くようにしています。この時に困っているのは本人ではなく、家族です。ひきこもる前の子どもの状況、ひきこもる原因になった出来事、その時の家族の対応など、こちらで「正しい」、「正しくない」の判断はせず、家族の中の真実として聞くようにしています。その上で家族の心配と望むことを確認します。そして、私は家族に会い、話を聞くことができたことに感謝の気持ちを伝え、その上で私ができること、家族ができることについて話をします。例えば、以下のような形を取ります。

私：こんにちは。お電話でお話をさせて頂いた芦沢と申します。
母：○○と申します。
私：どうぞ、おかけ下さい。本日は、お越し頂き、ありがとうございます。お電話では細かくお聞きしませんでしたが、息子さんのことでお越し頂いたということで、よろしいでしょうか。
母：はい。息子のことです。
私：息子さんのお名前をお聞きしてもいいですか？

母：裕貴と申します。
私：今、おいくつになりますか？
母：二三歳になります。
私：今、どなたと生活をされていますか？
母：私と夫と一緒です。兄がいますが、県外で一人暮らしをしています。
私：そうですか。裕貴さんはどんなお子さんですか？
母：裕貴はおとなしい子で、子どもの頃からあまり友達と遊ぶことはしませんでした。大きくなってからも一人でいることが多い子でした。
私：裕貴さんは中学、高校は地元ですか？
母：中学は地元です。高校は勉強ができたので、私立の高校に行かせました。
私：そうですか。勉強ができたのですね。その後はいかがですか？
母：高校でも勉強ができたので、○○大学に現役で合格しました。自宅から通えないので、一人暮らしをすることになりました。入学後、本人から連絡がくることはありませんでした。連絡がないのはいつものことなので、何事もなく生活を送っていると思っていました。それが夏休み明けに大学から家に連絡がありました。本人が大学に行っていないと言われました。「まさか」と思い、子どものアパートに夫と一緒に行きました。アパートは閉めっきりで、玄関前にゴミが溜まっていました。合鍵で開け、中に入ると、本人は髭も剃らず、ゲームをしていました。

私はその姿を見た時に愕然としてしまいました。本人の話も聞かず、夫と一緒に本人を家に連れてきてしまいました。
私：そうですか。その後はどうなりましたか？
母：家に帰ってきて、本人に話を聞こうとしました。でも、本人は部屋にこもり、一切話をしてくれませんでした。そんな状態が続いたため、アパートは引き払い、大学も退学の手続きを取ることにしました。
私：アパートを引き払うことと退学については、本人はご存知ですか？
母：本人には事前に話をしました。でも、本人から返事はありませんでした。このままではお金もかかるので、手続きをしました。
私：そうですか。
母：私達のことを恨んでいるのだと思います。連絡もせず、アパートに行ったことを根にもっているのだと思います。でも、あの子に連絡を取ろうにも繋がらないから、ああするしかありませんでした。
私：お母さん達の立場であれば、お子さんの状況に驚き、どうにかしなくてはと思うのが普通かもしれませんね。ただ、良かれと思ってしたことが本人には通じていない可能性があるということですね。
母：このままでは困ります。今は私も夫も働いています。ですが、働けなくなった時にあの子を支えるのは難しいです。以前、精神科に相談に行ったら、「両親が子どもに謝ればいい。直接それをするのが難しければ、手紙を書けば良い」と言われました。一度、手紙を書いてみました。でも。反応はありませんでした。本人が手紙を読んだのか、読まなかったのかも分かりませんでした。
私：そうですか。手紙を書いて下さったのですね。ありがとうございます。なかなかできることではないと思います。反応がなかったのは残念ですね。でも、手紙を書いたということは本人に残るような気がします。お母さん達の心配は当然ですよね。子どもの今後が気になるのが普通ですから。ただ、お母さん達とお子さんとの間が今は上手くいっていない状況が課題なのかなと思いました。お母さん達はできるだけ早く解決したいという気持ちが強いと思います。それが当然だと思います。ただ、今の状態になって数年経っていることを考えれば、すぐの解決を望むことは難しいように感じます。ただ、だからダメということではありません。もつれている糸を解いていくにはそれなりの時間が必要ということだと思います。相談を続けさせて下さい。その上で私の方で訪問させて頂いても良いということであれば、訪問させて下さい。お母さん、私にできることがあると同時に私にはできないことがあります。同じようにご家族にできないこともあれば、ご家族だからできることもあります。ご家族と私が一緒にご本人に関わることが大事になります。どうぞ、よろしくお願いします。

そして、次回の相談日までに具体的に家族ができることなどについて話をしていきます。

最近では、認知行動療法に基づいた家族向けのプログラムとしてCRAFT（クラフト：コミュニティ強化と家族訓練 Community Reinforcement and Family Training）が注目されています。家族の状況を見ながら導入することもありますが、多くは次回の相談日を決め、家族が本人に対してできそうなことを一緒に考えることにしています。例えば、家族が本人と話ができる場合は、次回の相談に本人を誘うやり方について、どんな言葉かけをするか、話すタイミングはいつにするか、本人が誘いを拒否した時はどうするかについて話をします。

事前に私から家族に何も話をしなければ、家族は今後のことが心配だから相談に一緒に行ってほしいと本人に話そうとします。今後のことが本人も心配であれば問題ありませんが、本人は心配していない、または心配しないようにしている、もしくは勝手に心配している家族の行動を嫌がっている場合もあります。その場合、このような誘い方に本人が反応することがあります。私は家族に、「試しに一回、一緒に行かないか？」と軽く話すことを勧めています。

ただ、私からそのように勧めると、勧めた日の夜か翌日には本人に話をしようとする家族がいます。相談日まで時間がある場合、話をした時は本人が同意しても、当日に拒否することがあります。話をし、本人が決断した後に時間を空けないことが大事であり、家族には相談日の当日または前日に話をすることを勧めています。

その上で、家族の誘いを本人が拒否した場合、説得はせず、それ以上その話はその場ではしないよ

【通信１号】

皆様
初めての方ははじめまして。一度でもお会いした方は、こんにちは。岐東保健福祉事務所で相談員をしております、芦沢茂喜と申します。在宅生活を続けている方からお話を伺ったり、一緒に外出をさせて頂いたりしております。今回は、私が日頃させて頂いていることを皆さんにご紹介したく、このような通信を作成しました。

今回、お話したいのは「コーヒー」です。皆さんはコーヒー、お好きでしょうか？好きという方もいれば、苦手という方もいるかと思います。また、好きな人の中には酸味が好きな方もいれば、苦みが好きな方もいると思います。

私は元々、コーヒーは苦手でした。３年前、コーヒー好きの方とお会いし、お話をしました。その方は自分でコーヒー豆を買い、ミルと呼ばれる手動の器具で豆を粉にし、粉にお湯を注ぎ、飲んでいました。その方とお話を続けさせて頂く中で、私も同じようにコーヒー豆とミルを買い、コーヒーを自分で淹れてみました。やってみると、豆の砕き具合、お湯の注ぎ具合等により、味が変わり、奥が深いと思いました。

コーヒーのことを知るようになると、段々面白くなり、知り合いのコーヒー店にお願いし、焙煎の様子を見せてもらい、「カフェラテ」作りをさせてもらいました。ミルクで絵を描くのは大変です。なかなか上手く絵を描くことは出来ませんでしたが、貴重な経験をさせてもらいました。

貴重な経験といえば、皆さんは「エスプレッソ」を飲んだことはありますか？

「エスプレッソ」は苦みや酸味等、コーヒー店の味が一番分かるものと言われており、通の人はこれを注文するようです。また、海外ではこれにガムシロップを沢山入れ、飲んだりするようです。私も折角なので、一度経験しました。

店員さんの一気に飲まないで下さいという言葉にビクビクしながら、飲んでみました。飲んでみた感想は、「苦い」でした。私は少しずつ舐めるのが精一杯。舐めたら、「苦い」と言い、一緒に注文したケーキを食べるというのを繰り返しました。大人になるのは大変だな～と思いました。

私は全自動のミルを持ち歩いています。伺った時に、温かいままコーヒーを飲んで頂くことができます。また、豆を砕く音を出すのが難しい場合は、予め作り、お持ちすることもできます。宜しければ、一度飲んで頂ければと思います。

通信は不定期で作成しています。また、送らせて下さい。宜しくお願いします。

私からの手紙

うに伝えています。本人の拒否に対して、家族は「でも」、「だって」とついつい言いたくなります。ただ、説得のはずが、話をしていくと「今後のことをどう考えているの？　私達がずっと面倒みることはできないのよ」などと説教に変わってしまい、本人は家族から説教されたことに反応し、それ以降の話が本人との間でできなくなることがあります。

以前、「正論はナイフ」と私に話をしてくれた人がいました。正論は家族にとっては現実を本人に分からせる武器であっても、本人にとっては自分自身に向けられた刃になります。私は本人に拒否されたら、次の機会を待つことが大事であることを伝えています。また、そのことを伝える時には、本人をカタツムリに例え、「せっかく出てきた眼をこちらの刺激で引っ込めさせず、本人が眼を出し続けられる状況にすることが大事です」と話します。

以上のことを家族と確認し、紙に書き、次回までに実行してもらうようにしています。

また、家族が一緒に相談にいこうと誘う場合、本人から相談で何をするのかと聞かれた時に、どう答えたら良いか困るとの話を聞きます。そのような時、私から本人宛の手紙を渡すことにしています（本人の否定的な反応が予想される場合は、宛名は皆様とします）。手紙には本人のことを知りたいとか、話を聞きたいといった文言は入れず、私が日頃、どのようなことをしているのかについて書いています。写真をつけられるものは写真をつけ、本人と会った時にどのようなことをしたいのかを書くようにしています。その手紙を見て、来てくれる人もいます。


恵子さん（仮名）は高校在学時に不登校となり、通学できずに退学しました。退学後は飲食店の面接を受け、合格するものの、周りに合わせようと無理をしてしまい、二か月程で辞めました。その後もアルバイトをするものの、短期で辞めることを繰り返していました。自宅で過ごすことが多くなり、心配した母親から私の所に連絡がありました。

まず、私は母親から話を聞きました。母親は恵子さんが小学生の頃に夫と離婚しました。その後は働きながら、恵子さんを育ててきました。母親は恵子さんが今のような状態になったことを、自分が本人に目をかけてやれなかったからではないかと話し、自分自身を責めていました。

母親に話を聞くと、恵子さんはアニメやゲームが好きでした。アニメなどのグッズ販売をしている店には外出していました。母親には、プロジェクターでスクリーンにゲーム画面を映している写真に「芦沢茂喜と申します。皆さんと今、○○○というゲームをしています。○月○日○時○分から、恵子さんができるようにしておきます。他に人はいません。大きな画面でやりませんか？」と書いた手紙を渡しました。

指定した相談日に恵子さんは現れました。自己紹介をし、部屋を見てもらい、ゲームをしてもらいました。一時間ほどして、彼女に「また、ゲームの続きをしに来てもらえますか？　次にこの場所が使えるのは〇月〇日〇時〇分ですが、予定はいかがですか」と聞き、次回の約束をしました。ゲームをしている間に話をすることは難しくても、その前後のセッティングや片づけを私が行う間に本人に様子などを聞くことができるため、暫くそのような対応を続け、経過を見ました。

家族の中には恵子さんの母親のように、今の状況に至った原因が自分にあると自身を責める人がいます。私はそのような家族に「家族は悪くありません。もちろん、本人が悪いわけでもありません。あの時、本人の状況、家族の立場を考えれば、そうせざるを得なかったのだと思います。私は家族が精一杯頑張って下さったと思いますよ」と伝えています。

5　本人の来所があった場合、継続相談で行うこと

家族相談を継続していると、家族の促しを受け、本人が来所することもあります。本人が来所した場合は、初めに家族と同席の場で本人に自己紹介をし、来所してくれたことに感謝を伝えます。その上で本人、家族と別々に話を聞き、最後に今後の進め方について一緒に確認したいと伝えます。

本人との初回面接では細かい話は聞かないことにしています。こちらの希望として、①定期的に会う

機会を設けたいこと、②その時は本人のみと会いたいこと、③家族とは別日に会うこともあるが、本人の了解なしに本人との間で話された内容を伝えないことを伝えます。その上で、私にしてほしくないこと、好きなこと、好きなことがなければ、やっても嫌ではないことを聞き、次回の日程を確認します。

本人と会う時に私達はしたいことを聞きたくなります。ただ、したいことを聞いても答えが返ってくることは少なく、無言か、「特にありません」との返事が多く、逆にしたくないことは意外と多くの答えが返ってきます。

また、好きなことは答えが返ってくることもありますが、したいことと同様に「特にありません」との回答も多く、その場合はやっても嫌ではないことを聞くことにしています。

本人との面接後、家族のみと話をする時間を設けます。家族には、①今後本人と定期的に会うこと、②家族とは本人とは別の日に会う機会を持ちたいこと、③その場合は本人に確認した上で進めたいこと、④私と次回会うまでの間に気になることがあれば、連絡をもらいたいことを伝えます。その上で、家族の希望を確認し、次回の日程を確認します。

家族との面接終了後は、本人に入室してもらい、今後の進め方を再度一緒に確認し、最初の面接は終了することにしています。

ひきこもり支援の話をしていると、家族は支援者であるという話を聞きます。確かに、経済的、精神的な支えといった面で家族は支援者であると言えます。ただ、家族は専門職などとは異なり、あくまでも家族として本人を支援しています。家族は家族以外にはなれず、家族でいることが大事であると私は思います。そのため、私は本人と出会うことができた場合、本人と家族は別にし、本人との関係を中心に相談を進めることにしています。

前述のとおり、初めから本人が現れることもありますが、多くが家族のみの来所になります。家族相談で大事なことは本人との相談同様に相談の継続であると私は思います。動きがない場合、電話相談と同様に「動きが出てきたら、連絡を下さい」と言いたくなります。でも、それを言う場合は「動きが出てきたら」の動きとは何を指すのかを私が説明できなければなりません。ただ、現時点で動きがない以上、今後どのような動きが出るかを説明できる人はいません。説明できない以上、そのように話すことはできません。大事なことは動きが出てくるか否かに関わらず相談を続けること、関係の継続であり、家族が私と相談を継続していこうと思えるものを提供できるか否かが重要なのだと思います。

家族との継続相談をしていると、家族から現状について「変わらない」との話を聞きます。その場合、家族が「変わらない」と話す理由を聞いていく必要がありますが、それと共に私は家族が第三者である私と継続的に話をする機会を持ち続けている、そのことがこれまでの経過を考えれば、大きな変化であることを繰り返し伝えることにしています。

余談ですが、私は家族が本人に対して行うこととして、決めたルールに従ってお小遣いを渡すことを提案することがあります（信田 2016）。本人と話ができる場合は、家族が本人と話をしてルールを決めます。話ができない場合は家族が手紙を書いてルールについて提案します。本人の返事があればそれに対して家族の答えを家族が再度手紙に書きます。ただ、多くの場合、返事がないので家族が決めたルールを手紙に書きます。その上で決まった場所、例えば食卓のテーブルの上などに家族がお金を置きます。家族には決めたルールはしっかり守ることを伝えます。また、ルールを変更する場合は必ず事前に本人に伝えることをお願いしています。家族が読んでもらいたいと思って置いた「ひきこもり」に関連した本や新聞の切り抜き、手紙などは破られることはあっても、本人がお金を破いた、取らなかったという経験はこれまでありません。

6 家族の相談動機が弱まった時——健二さんの場合

家族相談の間に本人の来所があれば良いのですが、家族から見て、本人の動きが見られない場合、家族の相談動機が弱まり、家族が私との相談を切る恐れがあります。ただ、私の経験上本人の動きが見られず、家族の相談動機が弱くなってきた時は、本人が行動を起こす時でもあるように思います。

健二さん（仮名）は都内の大学を卒業後、帰郷。就職活動はしたものの、上手くいかず、その後は自宅でのひきこもり生活を続けていました。一緒に暮らす両親が声をかけるものの、部屋にこもり、昼夜逆転の生活をしていました。困った両親からの連絡を受け、私は家族相談を始めました。月に一度、両親に来てもらい、話を聞くことを続けましたが、健二さんの状況は変わりませんでした。手紙を書く、月に一回、決まったお小遣いをドア付近に置くなどの対応を両親は取りましたが、両親が求める健二さんが部屋から出てくるという行動は見られませんでした。そんな状況の中、両親から以下のような話がありました。

父：妻と話をして、健二は変わらないように思いました。芦沢さんには話を聞いて頂いていますが、正直に話せば芦沢さんに会うのが辛いです。
私：辛い？
父：何か動きがあれば、話せます。でも、何も動きがなければ、話すことはありません。芦沢さんに会うのが大変だなと思ってしまいます。
母：何かあったら、またこちらからご連絡をするというのはいかがですか？
私：そうですか。そうですね。確かに動きがなければ、両親に辛い経験をして頂いているのかもしれませんね。ただ、私はこうとも思います。このまま何事もなければ、このまま進んでしまいます。ご両親にとっても、今の状況、健二さんが部屋にこもる状況が普通になってしまうように思います。でも、今の状況は良い訳ではありませんよね。
私に会うことは辛いことかもしれませんが、今の状況が良い訳ではないことをご両親と確認する機会だと私は考えています。月に一回の頻度が大変であれば、次の面談日を二か月後にしてみませんか？
母：分かりました。そうします。

二か月後の家族相談日、現れたご両親の表情は穏やかに見えました。

私：何かありましたか？
母：前回、お話をした週末、健二が、朝、出てきました。出てくるなんて思っていなかったから、ビックリしてしまって。そしたら、いきなり○○というお店に連れていけと言うんです。何が何だか分かりませんでしたが、夫が連れて行きました。
父：連れて行ったら、バイトの面接でした。どうやら、ネットでバイトの申込をしたようなんです。芦沢さんに連絡しようと思ったのですが、どうなるか分からなかったので、連絡しませんでした。
私：それで、バイトはどうなりましたか？
母：合格して、バイトに行っています。今までのことが何だったのか分かりません。
私：そうですか。それは良かったです。ご両親の努力と健二さんの頑張りのたまものです。ご両親にとって嬉しいことですが、これが続いてくれることが一番ですよね。一応、次回の相談日も予定を入れておきましょう。そのまま続いているということであれば、それを確認させて下さい。

健二さんは、その後もバイトを続け、両親の家族相談は本人の経過確認をしつつ、終結となりました。

7 訪問への切り替え

健二さんの事例のように動きがあれば良いのですが、動きのないことも多いのが現状です。ただ、この動きがないというのは注意しなければいけないと感じます。私が本人のことを知る情報源は家族のみです。家族は何を見て、動きがないと言っているのか、そもそも家族にとって動きがあるとはどのようなことを指すのかを確認する必要があります。健二さんの家族のように、部屋で過ごしていた本人が部屋から出てくることを、動きがあると考える家族もいます。部屋から出てくることを動きがあると考えた場合、本人の部屋から日中、音がするようになった、自分の食べた夕飯を片づけるようになったといったことは動きがあったことには含まれないことになります。何を基準にするのかが大事になります。家族は本人に求める最高の状態を基準にし、今の状態を減点式で評価する傾向があります。私は最低の状態を基準にし、今の状態を加点式で評価するように家族に伝えます。最低の状態を考えた場合、今の状態で変化があったことはありますかと聞いていきます。

それでもなかなか難しい場合は、家族相談から訪問に切り換えることもあります。前述のガイドラインによれば、訪問を要する、あるいは訪問を選択する状況として、以下の四点が挙げられています。
①当事者の心身の状態が悪化し、あるいは不安定となり、生じている事態の正確な評価、自他の生命

の危険性（自傷他害を含む）、安全性の検討が必要とされるとき。
②当事者に精神医学的な観点から見た病的なエピソードがあり、受療の必要性についての判断や精神医学的な判断が、家族や関係機関から求められるとき。
③家族自身が重大な健康問題を抱えている。または家族機能不全を起こしており、支援者が直接当事者に会って、状況確認や支援方針を見定める必要性が高いと判断したとき。
④家族や関係機関との相談を継続していくなかで、支援者が訪問することを当事者が納得する、あるいは希望するとき。

ただ、個人的には上記の状況に該当するか否かで訪問の可否を決めていません。訪問は本人と会うための一つの手段に過ぎず、大事なことは訪問の仕方のように感じます。

家族相談を訪問に切り換える場合、私は家族に以下の二点を伝えることにしています。
①訪問で変わることを期待されるかもしれませんが、訪問だけで変わることはありません。
②ただ、訪問が変化のキッカケになることはあります。変化があっても、なくても、訪問は続けます。大事なことは続けることです。
そして、訪問前の準備を家族とします。家族が本人と話ができる場合は、「私が相談をしている芦沢

さんが、〇月〇日〇時〇分に来る。あなたに会いたいと言っている。会えるようなら、会って」とだけ本人に伝えてもらいます。

本人と話ができない場合、私が書いた手紙を本人に渡してもらいます。直接渡すことが難しい場合は、本人が夜、部屋から出てきて、食事をするテーブルの上などに置いてもらいます。最近は便箋だけでなく、往復ハガキを使用します。

往復ハガキには「芦沢茂喜と申します。在宅生活を続けている方々に話を聞くという仕事をしています。先日、お母さんとお会いする機会がありました。〇〇さんにぜひお会いしたいと思いました。私の予定で申し訳ありませんが、〇月〇日〇時〇分にお伺いしたいと思います。都合が悪く、希望の日程があれば、お手数ですが、返信用ハガキに記載の上、投函して頂ければと存じます。よろしくお願いいたします」と書き、返信用ハガキには本人が希望の日程を書けるように［　月　日　時　分］とだけ書いて家族に渡します。一〇枚出して、二枚くらいは返信があり、内容は三か月後を指定してくるものや「今は無理」とだけ書いてくるものがあります。

訪問を検討する際には、大事なことがあります。私には本人の自宅に訪問する理由があります。家族からの依頼があり、家族の話だけでは状況が動かないため、訪問が必要と私が判断しました。ですが、訪問を受ける本人には、訪問を受ける理由がありません。家族が依頼をしたとしても、訪問が必要だと私が判断したとしても、それに従わなければならない理由は本人にはありません。訪問には本人が私との間で折り合いをつけられる、本人が渋々でも納得できる理由を用意する必要があります。

では、本人が納得できる理由とは何かと考えた場合、「ひきこもり」が問題ということを理由にすることはできません。それで上手くいくのであれば、苦労はありません。逆に、「ひきこもり」とは直接関係のないことを理由にする必要があります。そういう話をすると、市町村が実施する健康診断を受けていないので、それを理由に訪問したらどうかという話が出てきます。ですが、私自身、健康診断を理由にした訪問で上手くいった経験がありません。健康診断を受けないことが良くないと思っているのは、こちら側であり、本人が思っている訳ではありません。本人達に話を聞くと、健康診断が嫌いと答える人は多く、他の健康診断を受けていない人にも訪問していることを理由に訪問したとしても、「大丈夫です。健診は受けません」と返されるように思います。

こちらの理由ではなく、本人が渋々でも納得できる理由を考える場合、私は家族に本人の一日のスケジュールを聞くことにしています。何時に起きているのか？　食事は何時に何を食べているのか？　一日何食食べているのか？　好きな食べ物、嫌いな食べ物。嗜好品はあるか（コーヒー、タバコ、酒など）？　起きている間は何をしているのか？　多くの時間を使っていることは何か？　ゲームであれば、どんなゲームをしているのか？　携帯か、パソコンか、ゲーム機か。マンガであれば、どんなマンガが好きか？　などを細かく聞きます。家族が本人と会えず、今のことが分からない場合は、以前好きだったことを聞きます。

私の車の中には沢山の道具が入っています。ゲーム機、テレビ、プロジェクター、マンガ本、ライトノベル、コーヒーミル付き全自動コーヒーメーカー、雑誌（ゲーム、アニメ、歴史など）、プラモデル（ガンダムなど）、インスタント食品など、家族から聞き出したものを揃えています。使い方については後述しますが、私は車の中にある道具を想像しながら、訪問時本人と行うことを考えます。

そして、前述のとおり、例えばゲームが好きということであれば、本人に渡してもらう手紙に、「今、Nintendo Switch（スイッチ）の○○をやっています。伺った際には、それをやって頂くだけでも結構です」という一文を加えることにしています。

本人は何で私が来るのかを分かっています。家族が相談に行ったというだけで、自分の状況をどうにかしたいと思って、私が来るに違いないと思います。私であれば、そのような人と会いたくはありません。でも、「ひきこもり」の問題とは関係のない、自分の好きなことであれば、少しの時間、会ってあげても良いと思うかもしれません。大事なことは、この少しの時間だけなら会っても良いと思わせることができるか否かだと思います。

これは、営業の仕事を想像してみると分かりやすいように思います。営業では商品とは関係のない話をして、最後に商品を紹介すると思います。「ひきこもり」を最初に出すというのは、営業で最初に商品を売り込むのと同じです。相手が構えている所に、話をしても無理であり、まずは構えを解いてもらう必要があります。そのためには、彼らの構えを解く手段、道具を用意していく必要があると私は思います。

8　訪問しても本人に会えない時――純二さん、陽一さんの場合

もちろん、訪問したものの、本人に会えないこともあります。本人に会えない場合、私は定期的にその後も訪問を続け、自己紹介と次回の訪問日を手紙に書き、置いてくることにしています。手紙というと、「○○さん。体調はいかがですか？　次回、伺う時はお会いし、お話がしたいです」といった文章を書きたくなりますが、私はそのような文章は書かないことにしています。私が来た理由は前述のとおり、こちらが書かなくても彼らは分かっているように思います。私は家族からの話を受け、本人が関心のありそうな話題についてのみ書きます。例えば、「先日、○○というゲームをやりました。YouTube（ユーチューブ）などにも動画がアップされていて、盛り上がっています。次回、お持ちしたいと思います」などと書きます。その上で次回の訪問をします。本人と会えれば、今後の進め方は本人と相談しますが、動きがない場合はそれを繰り返します。繰り返す理由としては、家族の相談動機の維持がありま す。本人に動きがないことで落胆する家族に対して、訪問を続けることが家族の相談動機の維持には必要になります。また、訪問を継続することで、部外者であった私が家庭に入ることが、本人、家族にとって異常なことではなく、普通になっていきます。定期的に私が来ることが普通になることで、家庭内の構造が変わることがあります。

純二さん（仮名）は高校を優秀な成績で卒業しました。都内の有名大学への進学を目指したものの、第一希望の大学は不合格。浪人も考えましたが、第二希望の大学に進学しました。三年までは順調に通い、単位を取っていました。四年になり、取らなければならない科目の単位を落として以降、全く通学をしなくなり、アパートにこもるようになりました。心配した家族がアパートへ行き、本人を自宅へ連れ戻し、大学は家族が休学の手続きを取りました。

自宅で休学中、全く動こうとしない純二さんのことを心配した母親から私に連絡があり、関わることになりました。私の所に相談に来た母親は自分がどれだけ純二さんのことが心配であるかを私に話しました。「大学に行くのであれば行ってほしい。行かないのであれば、辞めて、仕事をしてもらいたい。うちにはそんな余裕はない。本人に話をするが、全く動こうとしない。こんな状態が続くのであれば、とてももたない」と母親は私に話し続けました。今の母親に純二さんとの関わり方について私が話す内容を聞く余裕はなく、話した所で実際に実行できるかといえば、難しいと思いました。私の訪問を提案し、本人に伝えてもらうことにしました。

初めは純二さんと会うことができませんでしたが、数回の訪問を重ねる中で純二さんと会うことができました。彼からの発語はほとんどありませんが、訪問の一時間、一緒にゲームができるようになりました。彼とのゲームの後、別室で母親から現状と心配事などを聞くという形を定期的に作ることで、母親が直接本人にあたることが減るようになりました。結果的に、純二さんは復学手続きを取り、大学に復帰することができました。

私は本人と直接会えない場合、ドア前などで話しかけることがあります。話しかける時には、これまで関わってきた人達との間で起こった出来事などを話します。

陽一さん（仮名）は大学卒業後、就職活動をしたものの、希望する会社に就職できず、自宅にこもるようになりました。私が母親から連絡をもらった時には、こもるようになって五年が経過していました。日中は部屋で過ごし、家族が寝た後に部屋から出てきて、食事、入浴をするという生活をしており、一緒に暮らしている家族でさえ本人と全く会えない状況が続いていました。

私は母親に「私が相談している芦沢さんが〇月〇日〇時〇分に来ます。あなたに会いたいと言っていました。」と書いたメモを本人が夕食をとるテーブルの上に置いてもらうことにしました。訪問時、陽一さんの部屋はいつものように鍵がかかっていました。私は自己紹介をし、どんなことをしているのか話しました。


「芦沢茂喜と言います。先日、お母さんとお会いしました。お母さんと話をさせて頂き、ぜひ陽一さんと会いたいと思いました。陽一さんの気持ちを確認せず、私の一方的な思いで来てしまい、申し訳ありません。ただ、私は一日五～六人の方とお話をしています。もちろん色々な方がいます。ゲームの好きな人もいれば、マンガが好きな人、ネットの小説が好きな人など、様々です。皆さん、素敵な可能性がある方々です。陽一さんは何が好きですか？　ぜひ、そんな話を一緒にできるといいなと思っています。また、○月○日の○時頃に伺わせて下さい。よろしくお願いします。」

最初は、好きなことを話題にしながら話をします。回数を重ねていく中で、私が会っている人達と外出したことなどを伝えます。

カツカレーとエスプレッソ

「先日、ご飯を食べに行ってきました。行ったのはカレー店。陽一さんはカレー、好きですか？　私は名前がシゲキなのに、刺激物があまり得意ではなく、あまり辛いと食べられません。先日行ったカレー店は以前に行ったことがあり、食べていたので大丈夫だろうと思っていました。行ったのは開店直後の時間で、お客さんはいませんでした。注文をとりに来た店員さんに一緒に行った方が「カツカレーのセット」と言いました。私も「じゃあ、それを二つ」と言いました。そしたら、店員さんから「今日はカレーが辛口になっています。大丈夫ですか？」と言われました。一緒に行った方が「大丈夫です」と答えたので、私も「大丈夫です」と答えました。食べてみたら、本当に辛くて、苦手なものは正直に話した方がいいなと思いました。」

「陽一さんはエスプレッソを飲んだことがありますか？　私、飲んだことがなかったのですが、先日お話をさせて頂いている方が飲みたいというので、コーヒー店に一緒に行ってきました。以前もお話をしたかもしれませんが、私は刺激物が苦手で、コーヒーも正直そんなに好きではありません。ただ、その方が飲みたいというので、一緒に行きました。注文を聞きに来た店員さんに一緒に行った方はエスプレッソと答えました。私はまたいつもの悪い癖で、「じゃあ、僕も」と答えてしまいました。エスプレッソって、量が少ないんですね。このぐらいなら大丈夫かなと思っていたら、店員さんから「一気に飲まないで下さい。水を飲みながら、ゆっくり飲んで下さい」との話がありました。ビクビクして、猫がミルクを舐めるように、舐めてみたら、その苦みに私はやられてしまいました。これはとても飲めないと思い、一緒に注文したケーキを口一杯に入れ、エスプレッソを流し込みました。当分の間、飲まなくていいかなと思いました。」

回数を重ねていくと、以下のような話もします。

「先日、一人の方の家族が体調を崩しました。彼は私に変わらないと思っていたことも変わるのだなと思ったと話してくれました。変わらないことは素敵なことです。でも、自分の意志とは別に、周りの環境などにより変わってしまうことも、私に話をしてくれた彼のように、あると思います。彼はできることを考えようかなと思ったとも話していました。突然の出来事に困るのであれば、今の時点で何をするのかを考えるのも良いのかもしれませんね。」

まったく会えなかった人が動き出す時には、前兆があるように思います。訪問時にまったく音を立てなかったのが、音を立てるようになる。私はマンガ本などを訪問先に置いていくことがありますが、それを取るようになる。また、家族が置いたものも取るようになるという変化が起こる時に、本人が動き出すように感じています。本人が取るものとして、身だしなみに関係するバリカンや電気カミソリを取るようになると、何か次の動きがあるかなと私は思います。

■参考文献

船越明子 2015『ひきこもり　親の歩みと子どもの変化』新曜社
古賀正義・石川良子編 2018『ひきこもりと家族の社会学』世界思想社
近藤直司 2014「ひきこもりケースに対するアウトリーチ」『精神療法』40（2）：234-238
松本俊彦 2017「専門医でなくてもできる薬物依存症治療――アディクションの対義語としてのコネクション」『精神科治療学』32（11）：1405-1412
信田さよこ 2016『家族のゆくえは金しだい』春秋社
齊藤万比古他 2010『ひきこもりの評価・支援に関するガイドライン．厚生労働科学研究費補助金こころの健康科学研究事業「思春期のひきこもりをもたらす精神科疾患の実態把握と精神医学的治療・援助システムの構築に関する研究」』（二〇一六年三月一〇日取得 http://www.ncgmkohnodai.go.jp/pdf/jidouseishin/22ncgm_hikikomori.pdf）

境泉洋・野中俊介 2013『ＣＲＡＦＴ ひきこもりの家族支援ワークブック――若者がやる気になるために家族ができること』金剛出版
境泉洋 2015「ひきこもり支援で学んだこと――暴露が使えない時の認知行動療法」『精神療法』41（2）：226-228
坂本真佐哉 2017『逆転の家族面接』日本評論社
杉山春 2016『家族幻想――「ひきこもり」から問う』筑摩書房
田村毅 2014『ひきこもり脱出支援マニュアル 家族で取り組める実例と解説』ＰＨＰ研究所
鷲田清一 2008「『弱い者』に従う自由」鷲田清一・内田樹『大人のいない国』プレジデント社：54-66
――― 2010『わかりやすいはわかりにくい？――臨床哲学講座』筑摩書房
山根敏恵 2018「ひきこもり支援の現状と課題――「ひきこもり相談支援充実事業」の取り組みを通して」『ケアマネジメント学』16: 25-35
吉田精次・境泉洋 2014『ＣＲＡＦＴ 薬物・アルコール依存症からの脱出――あなたの家族を治療につなげるために』金剛出版

本人との出会い　会ってみよう！

［精神保健／生活］

「何もしてくれなくてもいい、ただいてくれるだけでいい、とだれかに言いたいときがある。裏返して言えば、何をするわけでもないが、ただ横にいるだけで他人の力になれることがある。〈略〉ところが、何をするわけではないが、じっとそばにいるということが持つ力を評価することを、わたしたちの社会は忘れている。（略）どんな計画を立て、それがどれほど達成されたかばかりが問われ、どれだけじっと待ったかとか、どれほどじっくり見守ったかなどということは、そもそも評価の対象とはならない。」（鷲田清一 2009：76）

1　はじめに

前述のとおり、生活困窮者自立支援法の施行に伴い、「ひきこもり」が対象に含まれ、自立相談支援機関が相談対応をすることになりました。ですが、法施行後に自立相談支援機関に支援状況を聞くと、「対象者がいない」という話を聞きます。

もちろん、対象者がいないということはありません。対象者がいないのではなく、対象者が見えない、対象者として見ていないということのように思います。

以前、精神科病院に長期入院している精神障害者に対して、外部の相談機関が行う支援（地域移行支援）に対する市町村の給付が制度上認められたものの、県内の市町村の給付実績があがってこない時がありました。その当時、所属していた保健所管内の市町村の担当者に聞くと、ひきこもりと同じように「対象者がいない」と言われました。ですが、管内に所在する相談機関にアンケート調査を行うと、「対象者はいる」との回答がありました。

対象者がいても、対象者としてあげなければ見えてきません。また、仮に見えていたとしても、それを対象者として認識しなければカウントされません。対象者として可視化させ、その後も埋もれさせず、可視化させ続けることが必要になります。

また、「本人と会えない」という話も聞きます。ですが、家族同様に本人も、相談機関の職員とは一度は会った経験がある人が実は多いと思います。「本人と会えない」ではなく、「一度は会ったことがあるけれど、会っても仕方がないと思っている本人と会えない」というのが本当であり、会えないのが問題なのではなく、一度会った後に継続できなかったことが問題のように思います。

そのことに関連して、「本人が動く気があれば良いが、動く気がない本人と会って、何をしたら良いか分からない。本人が動かない以上、動きがあった時に家族から連絡をもらうようにしている」との話も聞きます。このような話を聞くと、そう判断する基準が気になります。判断する以上、基準が必要だと思いますが、このような話の多くは動きがあるか否かの情報源は家族からのものであり、家族からの情報を聞いた専門家と呼ばれる人が主観で判断しているように感じます。動きがあった時に家族の判断で連絡をもらうのではなく、私は家族と共に本人の状況を見ていく、見続けていくことが重要であり、その為には私がその場にいる、関わり続ける必要があると思います。

また、動きがあるか否かの判断において、動きがないのは動かないのか、動けないのかでは、当然その後の話が違ってきます。自分の意志で動かないのか、動きたいと思うけれど動けないのか、動かない理由を理解しなければいけません。

私達は動きがあることが良く、動きがないことが悪いと判断してしまう傾向があります。動くという行動（doing）を取ったか否かを物差しとして採用した場合、動かなければその人がそこにいるという存在（being）を否定してしまうことがあります（木原 2014）。一〇〇点満点のうち、できていないことを挙げ、減点していくのではなく、できていた時に加点していく視点が重要だと思います。

本人の状態の評価では、精神保健との関係が話題になります。このことに関係して、前述のとおり全国五か所の精神保健福祉センターで精神医学的評価・診断を行った結果、全ての当事者に診断名がつき、それらは「うつ病などの気分障害や不安症、統合失調症」（1群）、「発達障害など」（2群）、「パーソナリティ障害など」（3群）の三グループに分類できたとの報告があります（近藤他 2010）。また、前述のガイドラインではこれらの報告を踏まえ、ひきこもりは精神保健の問題であることが示されており、ひきこもり支援において精神医学的な判断がより一層求められ、本人に精神疾患、発達障害があるか否かが重要と認識されています。確かにこちらが精神疾患、発達障害を疑ってしまう人は多いと思います。ただ、誤解を恐れずに言えば、診断基準に当てはめれば、精神疾患、発達障害に当てはまるかもしれない人が多いのだと私は思います。

診断基準に当てはまる可能性があるからといって、全ての人に精神医学的な対応が必要な訳ではありません。精神医学的な判断を最初に行うことを前提とすると、その判断ができなければ支援を先に進められないことになってしまいます。支援である以上、アセスメントがなければ進めないというのは正論ではあるとしても、それがなければ何もできないという対応で良いかと言われれば、違うように感じます。

私は家族の促しや訪問などにより本人と出会うことができた時、精神疾患や発達障害に関係するようなことは細かく聞かないことにしています。私も専門職として長く仕事をしてきたため、本人と出会う時に自然とそのことに関心が向いてしまいます。ただ、その話をすれば、関係が途切れる恐れがあり、急な対応を要する場合を除いて、最初の段階でそのことについては話題にしないことにしています。

「ひきこもり」は本人達が選択した行為であり、こちらから無理やり関わる必要はなく、待っていれば良いという話を聞くことがあります。無理やり関わることは良くないことであり、待つことも大切であると私も思います。ただ、「ひきこもり」が選択した行為かといえば、違うように思います。選択という場合、そこには複数の選択肢が提示されている必要があります。彼らに複数の選択肢が提示されていたのかといえば、「学校に行く（就職する）」か「ひきこもる」かの二者択一であり、学校に行けない、就職できないのであれば、ひきこもりしか選べなかった人が多いように思います。それだけしか選択肢がない状況で、選択をしたというのは無理があるように感じます。大事なことは上記以外の選択肢を提示し、本人とどうしていくのか相談していくことのように思います。

個人支援において、私は「会う」ということを意識して関わっています。専門職としては、会うだけではなく、本人の話を聞き、本人の状態を評価することが求められますが、私は会うこと、会い続けることに重点を置いています。

では、本人と会うにはどうしたらよいのか。相談を継続できなかった相談機関の職員と同じことをしないことが大事だと思います。継続できなかった相談機関の職員は、本人に①困っていること、②過去の出来事、③将来について話を聞き、それに対してアドバイスしようとします。ただ、残念ながら本人はそのような対応を望んではいません。会いたくないのに我慢して会って、望んでいないことをされれば、次に会ってくれるはずはありません。会いたくないけれど会ってもいいと思える設定にしなければなりません。

私は精神医学的な判断と同じくらい、もしくはそれ以上に生活力の判断を大事にしています。生活が送れているのか、食いぶちを得ることができているのか否か。食べていけないのであれば、そのための手段として障害年金などの制度の利用を紹介するようにしています。障害があるから制度を使えるではなく、食べていくために障害を活用して、制度を利用するという話をするようにしています。精神医学よりも、まずは生活を中心にすえること、それを支援の入口にしています。大事なことは、関係の継続であり、本人と折り合える所を探ることであり、その時に前述した道具を使用するようにしています。

もちろん、全ての事例で会える訳ではありません。会えても、動きがない状態が続くこともあります。会えない、動きのない状態に自分自身の無力さも感じます。会えない、動きのない事例に対応する時、自分の対応に意味があるのかと感じることもあります。ただ、これは、動かない本人の問題でも、動かせない家族の問題でもなく、そのような状況に折り合いをつけられない私自身の問題です。動きがない中でも関わるためにはどうすれば良いのかを考え続けることが重要なのだと思います。

「ネガティブ・ケイパビリティ」という言葉があります。相手が何を考えているか、どういった問題を抱え、どのような状況に置かれ、どの部分を解決すればよいのか分からず、判断に迷う時の分からなさに耐える力（阿部 2008）です。ひきこもり事例の中で生じる分からなさに対して、無力感の合理化は支援を必要としている事例の放置などに繋がることが指摘されています（近藤 2017）。分からないことに、分かったふりをするのでもなく、分からないことを隠すのでもなく、分からないことを分からないまま耐えることが必要なのだと思います。

私がこのような話をすると、関わり続けること、分からないことを分からないまま耐えることが必要だということに根拠があるのかと質問されます。明確な根拠はありません。ただ、それをすること、し続けることで動き出す人がいたという事実があるだけです。根拠がはっきりしないからこそ関わり続けること、それを根拠なく信じることが重要だと思います。

私は関わる上でゴールを決めません。ゴールを決めない以上、計画も立てません。彼らとの関わりでは、ゴールに向けて進むのではなく、毎日の生活を送りながら、ゴールがなんとなく見えてくることとの方が実態に合っており、このなんとなくに耐えること、なんとなくをはっきりさせないことが重要だと私は思います。

2　個人支援で行うこと

私は本人と出会えた時、継続的に会うことになった時は、「今、何をしているのか、何が気になるのか」に焦点を当てて、話をします。例えば、本人との継続相談では、以下のような話になります。

私　：こんにちは。どうぞ、おかけ下さい。先日、お会いしたのが○月○日。ちょうど三週間程経ちましたが、いかがですか？

本人：別に変わりません。
私　：ご自身のこと以外に、ご家族のことでも良いのですが、いかがですか。
本人：別に変わりません。
私　：そうですか。この三週間、何をされていることが多かったですか。
本人：ゲームです。
私　：ゲームですか。どんなゲームですか。
本人：ポケモン。
私　：一日どのくらいの時間、されましたか？
本人：起きている間はほとんど。
私　：眠るのは何時頃ですか？
本人：二時頃
私　：起きるのは何時頃ですか？
本人：一〇時頃
私　：そうですか。一〇時頃に起きて、それ以降はほとんどの時間、ゲームをされているんですか？
本人：（うなずく）
私　：それはすごいですね。先日、ゲームをしている時は、何か違うこと、例えば本やテレビをみながら、やっていると話された方がいましたが、ゲームだけをやっていますか、それとも他のことをやりながらやっていますか。
本人：ゲームだけ。
私　：それはすごい。目が疲れたり、肩がこったりしませんか？
本人：疲れるから、二時間ぐらいしたら、休んでいる。
私　：そうですか。休みを取っているのですね。あと、どのくらいの時間があれば、クリアできそうですか？
本人：まだ、分からない。
私　：始めたのはいつぐらいですか。
本人：先週の金曜日から。
私　：他のゲームだと、大体どのくらいの時間があれば、クリアしていますか？
本人：バラバラ。でも、二週間くらい。
私　：そうですか。集中力がすごいですね。ポケモンはどこが面白いですか。
本人：昔からやっているから、安心感がある。
私　：安心感って大事ですよね。ある方は水戸黄門の印籠みたいなもので、決まった時間に出てくるから安心と話していましたね。ポケモン以外に気になっているゲームはありますか（新作ゲームの一覧などを一緒に見ながら）。
本人：〇〇〇が気になる。ネットで動画がアップされていて、見たら、面白そうだった。

私　：どんな所が面白そうでしたか？これかな（携帯で本人が見た動画を検索し、本人と一緒に見る）。
本人：画面がきれい。アクションシーンも迫力がある。
私　：そうですね。画面、きれいですね……。

私は本人と会う時、本人がこだわりなどから私が正面に座ることを望む場合を除いて、正面には座らないことにしています。できれば本人の横、難しければ斜めの位置に座ることにしています。

初めから本人が話してくれることは稀であり、面接ではこちらから聞いていく必要があります。本人の答えに出てくる単語、フレーズに私が反応し、それに合わせて、聞いていきます。「価値観のチャンネルを合わせる（谷口 2017）」とも言われますが、ラジオの周波数を合わせるように本人の波長に私を合わせていくことが重要になります。

本人と話をしていく上で気をつけないといけないことがあります。話をしていくと、本人を動かしたい、変えたいという気持ちがわき、本人が何もしていなければ、何かした方が良いと言いたくなる時があります。また、日中何かしていることがあれば、外に出て、何かしてみてはと言いたくなる時があります。

私も「こんなことができるかもしれないよ」という話はします。後述しますが、ひきこもり支援として集団支援や外部の事業所の協力を得た就労支援を実施しています。「来週、集団支援でゲームをします。行っても良いかなと思ったら、来ていただいて大丈夫です」、「外の事業所でジャムやプリンなどを作っている事業所があります。そこに協力いただいていて、何人かの方が体験をしています。体験しても良いかなと思ったら、体験もできます」とは話します。ですが、説得をし、その場で決断を迫るようなことはしません。

本人を動かすのは本人自身であり、私ではありません。私がすべきことは、本人との間で決めた枠組み（例えば、定期の面接）を切らさず、継続していくことであり、その時間をどう過ごしていくか、本人との間でどのように折り合っていくのか、考えていくことです。そして、本人が家族、集団、社会との関係で悩んでいるようであれば、家族、集団、社会に働きかけ、本人とそれぞれの間での落とし所を探り、本人が折り合う過程につきあっていくことだと私は思います。

3　手紙――洋平さんの場合

前述のとおり、私の訪問を本人に伝える時には、私が書いた手紙を本人に渡してもらいます。

洋平さん（仮名）は大学に突然通わなくなり、困った母親から私に連絡が入り、関わることになりました。洋平さんは中・高校時代は少ないながらも友達がいました。ただ、口数が少なく、一人でいることを好む傾向がありました。高校卒業後、大学へ進学し、入学当初は休まず通っていました。学年が上がるにつれ、講義から演習など、他の学生と一緒に行動することを求められる授業が増えたことで、休むことが多くなりました。その後、全く大学に通わなくなり、外出もほとんどせず、自宅で過ごすようになりました。母親も初めはそのうち通うようになると様子を見ていました。ですが、三か月が過ぎ、母親も焦るようになり、大学に通うように話をしますが、洋平さんからは無視をされました。

私は母親に本人の好きなことを聞きました。彼はほとんどの時間、パソコンに向かっていました。以前はゲームをしていました。私は当時、ネットでも話題になっていたWii Uの「スプラトゥーン」を洋平さんにやってもらおうと考えました。ネットを見ている彼も知っており、興味を示すのではないかと思いました。母親に「スプラトゥーンをやりませんか」と書いた手紙を渡し、私の訪問について伝えてもらうことにしました。

初回訪問日、車が自宅に入ってきた音を聞き、洋平さんは逃げてしまいました。私は次回の訪問日と「スプラトゥーン」をしてほしいと書いた手紙を母親に渡しました。

訪問二回目、洋平さんは自宅にいました。自分の部屋で布団にくるまっていました。私は自己紹介をし、次回の訪問日と「スプラトゥーン」をしてほしいことを本人に伝えました。

訪問三回目、洋平さんは自宅の居間に座っていました。私は挨拶をし、急いでセッティングをし、コントローラーを彼に渡しました。コントローラーを受け取った彼は真剣な表情でゲームをしました。彼から私への言葉はありませんでした。

その後も定期的に訪問を続けました。「スプラトゥーン」は進みましたが、彼から私への言葉はありませんでした。訪問中の一時間、彼は無言で真剣にゲームをしました。

彼は私を待っているのではなく、私の持ってくる「スプラトゥーン」を待っていました。

彼にとって私は話を聞く人ではなく「スプラトゥーン」を持ってくる人でした。私はそれでいいと思いました。ゲームをするついでに生活状況が確認できればよいのであって、大事なことは私が彼から話を聞くことではなく、彼が家族以外の人と定期的に会い続けることです。そんな想いが通じたのかどうかは分かりませんが、最後のボスを倒した翌日、彼は大学にいきました。大学にいくようになった理由は私には分かりません。ただ、彼の中で折り合うことができたのだと思いました。

4　どんな道具を使うか

洋平さんにはゲーム機（Wii U）を使用しましたが、その他には以下のようなものを道具として使用しています。

(1) ゲーム機、テレビ、プロジェクター

Wii U 以外に Nintendo Switch を使用しています。ソフトは私自身がゲームをしないため、ネットで話題になっているものや本人がやりたいと話したものを中心に揃えています。「マリオカート8 DELUXE」、「ゼルダの伝説 BREATH OF THE WILD」、「スプラトゥーン2」、「ポッ拳　POKKEN

TOURNAMENT DX」、「スーパーマリオ　オデッセイ」などなど。テレビは本人の部屋にない場合に使用します。また、最近はSwitchをプロジェクターに繋ぎ、部屋の壁に映しだすこともしています。ゲームを嫌いな人は少なく、ゲーム中は画面を見ているため、本人が私の視線を気にしなくても良いという利点があります。

(2) いきなり、ガノン——亘さんの場合

「ゼルダの伝説」は長い間、多くのユーザーから支持されてきたゲームであり、主人公のリンクが敵ボスであるガノンを倒し、ゼルダ姫を助けるストーリーになっています。私はほとんどゲームをしませんが、彼らがやっているのを見て、やってみたところハマってしまいました。気の小さい私は、敵ボスのガノンになかなか行けず、その前でゲームを止めていました。私にはガノンを倒す勇気がありませんが、日頃お会いしている彼らなら倒せるかもしれない、「いきなり、ガノン」というのも面白いかなと思いました。

亘さん（仮名）は二〇代の男性。私と会うようになって、三か月が過ぎていました。彼から何かがしたいという話は聞かれず、毎回の面接をどう進めようかと考えていました。彼はゲームが好きでした。ゼルダの伝説もこれまで発売されてきたものはやった経験がありました。でも、Switchは持っていませんでした。

私　：私、ゲームは殆どしませんが、「ゼルダの伝説」をやってみたら、面白くてハマってしまいました。ただ、私は気が小さいから、ガノンに行く勇気が持てず、その前で止めています。亘さん、私に代わって、ガノンを倒してもらいませんか？
亘さん：ええ？　僕、Switch 触ったことがないですよ。
私　：大丈夫。私が言っても、説得力はないかもしれませんが、亘さんなら、きっと倒せると思います。
亘さん：別にいいですけど……。
ゲームをセッティングし、本人にコントローラーを渡しました。亘さんは初めて触れたSwitch を巧みに操作し、順調にガノンのいるハイラル城の本丸にたどり着きました。いよいよガノンと対決。ただ、ここで問題が発生しました。
亘さん：芦沢さん、ガノンってどうやって倒すんですか？
私　：スイマセン。私、ガノンと戦ったことがないので、知らないです。
亘さん：ええー。どうしたらいいですかね？　どうしよう。
私　：グーグルさんに聞いてみますね。

私は携帯を取り出し、グーグルで検索し、彼にガノンの倒し方を伝えました。お互いにプロジェクターで壁に映し出したゲーム画面を見ながら、私は「逃げて下さい」、「今だ」などと話し、本人は「くそっ」、「もうちょっとなんですよ」などと話していました。健闘の結果、亘さんはガノンを倒しました。エンドロールが流れた時、彼は「ガノンに来るまでの過程は分からないけど、今日はなんか楽しかったです」と話しました。私は彼に「エンドロールを見ることができて、良かったです。ありがとうございました」と伝えました。理由ははっきりしないけど、「なんか楽しい」が大事なように感じます。

(3) マンガ

マンガについては、世代、性別、好みなどにより当然、読むものは変わってきます。ゲーム同様に、私自身があまりマンガを読まないため、ネットで話題になっているものや本人が読んで面白かったと話したもの、読みたいと話したものなどを中心に揃えています。

本人の情報源はテレビ、ネットからのものが多く、読みたいと希望するものはアニメ化されたもの、これからアニメ化されるものが多いように感じます。太宰治や中島敦などの文豪がキャラクター化され、それぞれの文豪の作品名を冠した異能力を用いて戦うアクション漫画『文豪ストレイドッグス』、最高のヒーローを目指し、成長していくヒーローマンガ『僕のヒーローアカデミア』、赤塚不二夫のマンガ『おそ松君』に登場する六つ子が二〇歳になった後を描いた『おそ松さん』などがあります。『おそ松さん』の六つ子にはそれぞれイメージカラーや性格などの設定がされ、四男の一松は「ひきこもり」の設定となっており、一松と自分自身を重ねてマンガを見ている人もいます。

最近のマンガは題材も幅広く、ストーリー展開も複雑で、人物描写も細かいものが多く、侮れません。本人の好きなものが題材になったマンガを紹介し、それを一緒に読み、話題にすることで関係が継続することもあります。例えば、Jazz が好きな人には、Jazz に心打たれた高校生が世界一のジャズプレイヤーを目指す『BLUE GIANT』、小説が好きな人には、型破りな高校生作家を主人公にした『響～小説家になる方法』を紹介します。その他には、『僕たちがやりました』、『私の少年』、『波を聞いてくれ』などがあります。マンガの中身を話題にしながら、本人達が自分のことを話すこともあり、本人と関係を築く上で入りやすい道具だと思います。

(4) ライトノベル

ライトノベルについても、『オーバーロード』、『キノの旅』、『インフィニット・デンドログラム』、『盾の勇者の成り上がり』など、本人に聞きながら、揃えるようにしています。最近ではライトノベル作品がアニメ化、映画化など、異種のメディアで作品化される「メディアミックス」が行われることも多く、アニメ化された作品を読みたいと話す人もいます。ライトノベルは文庫で読むよりも、「小説家になろう！」などのサイトで読んでいる人も多いように感じます。ライトノベルに関するガイドブック〈例えば、『〈小説家になろう〉で書こう』、『このライトノベルがすごい！』、『超・戦略的！ 作家デビューマニュアル』など）を題材に、キャラクター設定やストーリー展開、テンプレート（おきまりのパターン）について話をします。内容と同じくらい、作品の構成に関心がある人が多いように感じます。ライトノベルには異世界、ファンタジー、アクションなど、様々なジャンルがありますが、その中でどのジャンルが好きか、どのようなお決まりのパターンが好きかなどについて話をします。お決まりのパターンは想像がつくものの水戸黄門の印籠と同じように安心できます。お決まりのパターンを大きく外れた作品には受け入れがたい気持ちがわき、パターンを少し変える、その変え方に関心が向く人がいます。

統合失調症の治療を受けながら創作活動を行い、小説『青春ロボット』を出版した山梨県在住の青年について、二〇一五年一〇月に日本テレビの「世界仰天ニュース」で取り上げられました。創作活動に興味はあるものの、実際に行動に移すことに躊躇している本人との面接時にそのことを話題にし、テレビで放送された映像や書かれた小説を一緒に見ることで、自分でも少し書いてみようという気持ちになりました。

（5）その他の書籍

多くの時間を自宅で過ごすものの、特定の場所であれば外出できる人もいます。外出先としては、コンビニと図書館があげられます。図書館でどんな本を読み、借りているのかを聞いてみると、心理学や哲学に関するものが多くあがります。マンガやライトノベルと同様に、本人が読みたいと話したものを中心に揃えています。テレビドラマにもなった『嫌われる勇気』では、本の冒頭に「ひきこもり」が取り上げられており、そのことをネットで見て、直接読みたいと話した人がいます。他には、『勉強の哲学　来るべきバカのために』や『中動態の世界』、心理学や哲学とは違いますが、人類二五〇万年の歴史を取り上げた『サピエンス全史（上・下）』に興味があると話した人もいます。

小説では山梨県出身の作家、辻村深月が学校に行けなくなってしまった少女を主人公に描いた『かがみの孤城』や外国作品の翻訳本を多く出版している早川書房の作品が好きと話す人がいます。また、ミステリー小説が好きで、なかでもアーサー・コナン・ドイルが書いた『シャーロック・ホームズ』が好きなシャーロキアンもいます。内容そのものよりも、これまで日本語に訳され出版されているものを読み比べ、翻訳者による訳の違いや小説で描かれているロンドンの建築物、その時代背景などに関心を持っているようです。また、小説がイギリスでドラマ化されると、それをネットなどで見て、俳優が話す言葉（訛り）や服装、建造物、流れている音楽などに関心を示す人もいます。

(6) テレビ――アニメとお笑い

日中していることとして、ネット以外に、テレビでアニメを見ている人も多いようです。アニメは夕方の時間帯ではなく、深夜に放送されているものを見ている人が多いように感じます。放送されている番組は地上波、BSを合わせると数も多く、それらの多くは三か月ほどで新しいものに変わります。私は新しくスタートするアニメがテレビ局のホームページなどで明らかになった頃に、番組表を見ながら、どれが気になるか本人に聞いたりしています。

テレビで何を観ているのかを聞いてみると、アニメと同じくらいバラエティ番組があがります。その中でも、山梨県では深夜に見ることができる「吉本新喜劇」を好きな人は、外では全く話をしない緘黙傾向の強い方に多いように思います。外では話をしないものの、家では「吉本新喜劇」を見て大きな声で笑っている、本人達のバランスの取り方なのかなと思います。

(7) コーヒーミル付き全自動コーヒーメーカー——宏高さんの場合

コーヒーについては、好きと答える人は本当にとても好きな場合が多く、豆や焙煎、淹れ方にこだわる人も多くいます。全自動コーヒーメーカーは、ボタンを押せば、自動でコーヒー豆を挽いて、そのままドリップまでしてくれるものです。本人がコーヒーにこだわっている場合は、予め豆と焙煎について聞きます。どの豆を選ぶか、焙煎時間をどのくらいにするかでコーヒーの味は変わってきます。豆はキリマンジャロ、モカシダモ、ブラジルなどを使用します。焙煎はライト（最も浅煎り）、シナモン、ミディアム（浅煎り）、ハイ（中浅煎り）、シティ（中煎り）、フルシティ（中深煎り）、フレンチ（深煎り）、イタリアン（最も深煎り）の八段階に分けられ、焙煎時間が短ければ酸味、長ければ苦みが強くなります。本人がそこまでこだわっていない場合は、二種類、味の異なる豆（酸味の強いもの、苦みの強いもの）を用意します。焙煎は豆に合わせて変える場合もありますが、苦みが苦手であればミディアム、酸味が苦手で苦みを好む場合はシティにしています。本人に希望を聞くと、酸味よりも苦みを好む人が多いように感じます。コーヒーを淹れおわるまでの間、特に話をしなくてもよく、部屋がコーヒーの香りに包まれるだけで落ち着く人もいます。コーヒーメーカーを使用できない場合は、予め淹れておき、マグボトルに入れ、持って行くようにしています。

コーヒーは、コーヒー学という学問にもなっており、関連する書籍も販売されています（全国大学連合コーヒー学特別公開講座 2015）。また、最近はコーヒーメーカー以外に、家庭用電動焙煎機を用意し、生豆をその場で焙煎し、焙煎した豆をコーヒーメーカーに入れ、豆を挽いて、ドリップして飲むということもしています。

家庭用電動焙煎機を使うと、以下のような展開を見せることもあります。


宏高さん（仮名）は両親との三人暮らし。高校卒業後、在家庭の生活を続けていました。対人緊張が強く、家族以外の人と会うことができず、私が関わることになった当時、彼とは彼の部屋のドア越しでしか話をすることができませんでした。

彼はコーヒーが好きでした。銘柄や焙煎の仕方にもこだわりをもっていました。ほとんど外出しませんでしたが、珈琲豆の販売店には豆を買いに外出していました。買ってきた豆を、自宅のガスコンロでフライパンを使い焙煎し、手動のミルで豆を挽き、飲んでいました。

私は彼が好きな珈琲豆の銘柄を用意し、定期の訪問に行くことにしました。

私：こんにちは。芦沢です。
宏高さん：こんにちは。
私：宏高さん、今日、宏高さんに見ていただきたいなと思うものがあります。
宏高さん：……。
私：宏高さん、先日「マンデリン」が好きと話されていたと思いますが、今日、「マンデリン」の豆を持ってきたんです。焙煎したものではなく、生豆。
宏高さん：生豆？
私：生豆です。今日、宏高さんと一緒に焙煎したいと思ったんです。宏高さんは日頃、ガスコンロで焙煎していると話されていましたが、今すごいですよね。ネットで調べると、家庭用電気焙煎機なんてものが売られているんです。私、焙煎機を購入して、今日持ってきたんです。
宏高さん：ええ！！
私：そう焙煎機。宏高さん、ちょっと見てみませんか？　あと、焙煎機を使うのに電気が必要なんですが、もし可能ならば、部屋のコンセントを借りても良いですか？

宏高さんのドアが開き、私は彼と彼の部屋を初めて見ることができました。固く閉じた関係性を開くためには、きっかけ、宏高さんの場合は驚きが必要だったのかもしれません。

二〇一七年五月、発達障害があり中学校での不登校経験がある一五歳の青年が、高校進学をせず自らのコーヒー豆販売店を開店したとの記事が掲載されました。テレビでは日本テレビの「NEWS ZERO」で女優の桐谷美鈴さんが直接彼を取材した映像が流れていました。ネットニュースやテレビなどで情報を得て、高校進学をせず自分の店を持ったことに対する驚きと共に、「できないことより、できること。そして、自分にできることから、自分にしかできないことをしたい」（岩野 2017）との話に惹かれ、コーヒーそのものにも関心を持つ人もいます。

（8）音楽――浩之さんの場合

日中、音楽を聴いていると話す人は少ないように感じます。音楽を聴いていると話す人では、一般的な邦楽は聴かず、ジャズや洋楽を聴いている人がいます。ジャズであればアメリカのピアノを中心にした曲を聴き、洋楽であれば明るい曲ではなく、暗い曲ばかりを聴く人がいます。音のように聴覚から入る情報よりも、ゲーム、マンガ、アニメなど、視覚から入る情報を好む人が多く、私自身はあまり音楽を使用することはありませせが、コーヒーを焙煎したり淹れたりする際には、静かに手嶌葵の「テルーの唄」や「明日への手紙」などの音楽をかける場合があります。

舞台の中央に置かれたピアノ

また、数は少ないですが、演奏している人もいます。

浩之さん（仮名）はたまに自宅にあるピアノを弾いていました。彼との面接を重ねる中で、自宅は狭いのでもう少し広い所、例えば公共施設でピアノを弾いてみたいという話が出てきました。市役所に連絡を入れ、相談したところ、一か所の公共施設から、翌週イベントがありその時にピアノを使うが、イベント前の準備の時間であれば使っても良いとの話をいただきました。彼と指定された時間に会場に行きました。会場は公共施設のホール。舞台袖に置かれていると聞いていたピアノは舞台の中央に置かれていました。彼は、広い所でといったものの、ここまで広いとは想像していなかったようですが、一時間三〇分程の演奏後、「音がすごかった」と話していました。

(9) 年金――智樹さんの場合

道具とは違うかもしれませんが、お金は本人達が動く大きな動機になります。

智樹さん（仮名）は通信制高校を卒業後、一人暮らしをしました。その後、就職活動をしましたが、上手くいかず、アパートから全く外出をせず、ひきこもった生活をしていました。連絡をしてこない本人を心配した両親がアパートに行き、本人の状態を見て、精神科を受診させました。そして、アパートを引き払い、本人を自宅に連れ戻しました。その後、彼は精神科への受診以外は外出せず、自室で過ごしていました。ほとんど自室で生活する彼を心配した母親から連絡を受け、関わることになりました。

母親と会い経過を確認後、母親から彼に私のことを話してもらうように依頼しました。彼からは、直接私の所に来ることは難しいけれど、電話なら話しても良いとの返事がありました。早速、電話を入れ話をしました。ミステリーが好きということで、彼が勧める本を教えてもらい、私が次回の電話までに勉強し、それを彼に報告し、また教えてもらうということを繰り返しました。

そのようなことを繰り返す中で、彼にできるかできないかは脇におくとして、やりたいと思ったことは何かあるか、聞いてみました。「家族に連れ戻された。一人暮らしをしたい」と言います。「一人暮らしのためには、お金が必要。でも、自分には収入がない。働ければ良いが、今の自分の状態で働くことは厳しい。周りの視線が気になり、人の輪の中に入っていけない。だから、一人暮らしは難しい」と彼は話しました。年金について、彼に話をしました。彼は「年金のことは聞いたことがない。知らない」と答えました。「名前は障害年金と付いているが、生活していく上でお金を得ることが難しい時に、二か月に一回、まとまったお金が支給されるもので、智樹さんは受診から日数が経過しているので、遡って請求すれば一人暮らしをする上での準備資金を得ることができるかもしれない」と伝えました。彼は「申請したい」と答えました。

自分が住む市町村で申請をするのは、誰かに会うような気がして嫌ということで、年金事務所に申請書類をもらいに行くことにしました。年金事務所は彼の自宅からは一時間以上離れた場所にありました。精神科受診以外に外出をしていませんでしたが、彼は私との待ち合わせ場所に現れました。その時初めて彼と会うことができました。一緒に年金事務所に行き、申請に必要な書類をもらいました。その後は彼が受診先から診断書をもらい、別の日に一緒に申請用紙に記入し、年金事務所に書類を提出しました。
三か月後、年金は無事に決まり、彼はまとまった金額を受給することができました。決定通知が自宅に届いた日、彼は興奮した様子で私に電話をしてくれました。「年金が決まりました。ありがとうございました」。お金の力はすごいなとあらためて感じました。

(10) 株取引——和樹さんの場合

ひきこもりの社会参加の手段として、株取引を勧める書籍が出版されています(伊藤 2016)。株を取得すれば投資家であり、彼らが人と関わる上でハードルとなる肩書きを手に入れることができると指摘されています。私自身は彼らが自分自身の選択において、株取引をすることについて肯定も否定もするつもりはありません。やりたいということであれば、無理のない範囲でやればよく、こちらがそれを否定することもないと考えています。

和樹さん(仮名)は大学卒業後、就職活動を行い就職するものの、人間関係でつまずき退職。その後は自宅にこもる生活をしていました。心配した母親が私の所属先に連絡を入れ、相談が開始されました。私が彼の担当になった時、相談開始から六年が経過していました。彼には、気になることがあると調べ、自分の中で納得できないと気が済まないところがありました。自分の調べたことと違うことを言う人がいれば、納得できずに相手に強く話をしてしまい、結果的に人間関係を壊してしまうというところがありました。周りに合わせることができないと考えればマイナスですが、自分の考えを持ち、そのために努力をする力がありました。ネット検索をしている中、株取引のことを知り、自分なりに勉強するようになりました。私との面接日、彼は株取引についての書籍を一〇冊ほど鞄に入れて持ってきました。書籍を読んだ感想をノートに書き、それを見せてくれました。自分の取引データもノートに取り、書籍などで得た知識を元に分析していました。

株取引は日中行われるため、それまで昼夜逆転していた彼も日中に起きるようになりました。何が転機になるかわからないと思います。

(11) 外出と散歩

道具とは違いますが、本人が行ってみたい、または行っても良いかなと思う所があれば、一緒に外出しています。石の原石が気になるという話があれば、原石を展示している場所へ行き、山の景色を眺めたいなら見に行ったりします。昼の休憩時間を使って一緒に昼食を食べ、コーヒーを飲みに行くこともあります。

本人達に好きな食べ物を聞くと、焼き肉やラーメンをあげる人が多いように感じます。一緒に食事をし、コーヒーを飲むと、本人の好き嫌い、店員への応対、周りに他の客がいる場合はその時の仕草などを知ることができます。また、自宅や面接室といったこれまで本人と会ってきた場所とは違うため、いつもよりも饒舌に話すなど、違った一面を見せることがあります。本人が変わらないのは、変わらない場所から私が見ているからなのかもしれず、場所、場面を変えてみることも大事だと私は思います。

ほとんどの時間を自宅で過ごす人がいる反面、毎日の散歩を日課にしている人もいます。朝歩く人もいれば、夕方から夜にかけて歩く人もいます。一人で歩く人もいれば、犬と一緒に歩く人もいます。ただただ歩く人もいれば、ジョギングする人もいます。家族と一緒に湖へ行き、本人は右回り、家族は左回りで走り、半周した所で再会するといった人もいます。競技用の自転車でサイクリングをする人もいます。目的地を決めず、自宅を出て一～二時間、自転車を漕いでいる人もいます。

形は違いますが、彼らに共通しているのは、ダイエットや健康維持などの目的で散歩をするのではなく、散歩をすること自体が目的だということです。何か目的がなければ動かない彼らが、特に目的がない散歩をしているという状況を聞いて、散歩以外のことを提案したくなりますが、日課である散歩と他のこととは別と彼らは話します。

共に昼食をとることもある

5　彼らが変わる時

動こうという気持ちと動かない方が良いという気持ちの間で揺れ動いている時、本人がコントロールできない環境などの変化が背中を押してくれることがあります。

（1）動き出す時――裕介さんの場合

裕介さん（仮名）は高校時代に不登校となり、卒業後も就職活動などはせず、在宅生活を続けていました。心配をした母親からの連絡を受け、私との相談が始まりました。彼は母親の促しを受け、初めから来所してくれました。いつものように、私にやってほしくないことを聞くと、自分の過去と将来について聞かないでほしいと言います。周りが一番知りたいことであり、彼自身が一番気にしているであろうことを聞かれることを、彼は拒否しました。私は、彼がしていること、しても良いかなと思うことを聞いていきました。以前は哲学書などを読んでいましたが、私と会った当初は、それらは読めない、マンガなら読んでもいいと話しました。マンガ大賞などを参考に、売れているマンガ、ネットで評価されているマンガを本人に見せ、選んでもらいました。難しいものは読みたくないと話していましたが、聴覚障害を理由にいじめを受けた少女といじめの中心人物となったことで周囲から切り捨てられた少年との触れ合いを描いた『聲の形』や、交通事故で家族を失い、父親の友人の棋士に引き取られ、一五歳でプロ棋士になった青年の成長を描いた『3月のライオン』など、深く考えさせる内容を持ったマンガを彼は選びました。今の状況から抜け出たい気持ちと、抜け出ることの恐怖からこのままでいいという気持ちが、行ったり来たりしていました。そんなある日、彼の同居の祖父が倒れました。彼も他の家族と一緒に病院に行きました。そのことがあった翌週、彼と会いました。「祖父が倒れた時、今のままの状況では進まないのだと思った。自分もどうにかしなくてはと思った」と話します。振り子のように行ったり来たりする気持ちの中、なかなか動き出すことが難しい彼らにとって、家族の病気などでいつもいるはずの人がいなくなる、いなくなるかもしれないという状況は、今後どうしていくのかを突きつけられることになります。それは、大きく変わる契機になったりします。

裕介さんは、何かしなくてはいけないという気持ちと、そうするためには色々な人と話をしなければならずそれは回避したいという気持ちとの間で、その後も揺れ動いていました。「色々な人と話をしないで済むように考えましょう。その中ででも、やってもいいかなと思うことはありますか」と聞きました。自宅で育てた植物の苗があまっていて、それを広い場所に植えたいと言います。私は知人に頼み、耕作放棄地となっている畑を借りることにしました。一緒に畑を確認に行った一週間後、「明日、作業をしてみます」とのメールが届きました。彼は一人、作業を始めました。踏み出したはじめの一歩から今後どのように進んでいくのかは分かりませんが、踏み出したことが素晴らしいと思います。

（2）他人に任せる時——徹さんの場合

私が出会うひきこもり事例の多くの場合、彼らは人に頼ることが苦手です。家族（母親）のみを頼りにする人が多いように感じます。「自立」とは誰にも頼らずに生きていくことではなく、誰か一人だけに頼り切らずに生きていくことであり、依存先を分散し、家族以外の依存先を作ることだと思います。彼らと関わっていく上で、家族以外の存在である私に頼ることができるか否かは大きな意味を持ちます。

徹さん（仮名）は三〇代の男性。両親と弟との四人暮らしです。弟は自分の要求が通らないと物にあたるので、両親は弟を恐れ弟の要求通り行動していました。徹さんは両親の様子を見て情けない気持ちになり、落ち着かない家庭から離れたいと思いました。でも、そのためにはお金が必要で、仕事をするか両親からの援助を依頼しなければならず、そのことを考えると不安が強くなり、動くことができず時間ばかりが経過していました。現状維持の不安と、動き出すことによる不安を天秤にかけ、現状維持の状態を続けていました。

弟のことに振り回されている両親を見守る立場から、自分自身のことを話し両親の協力も得ながら行動していく立場へと、徹さんに変わってもらう必要があると思いました。そのために、両親と話をしていく必要がありますが、徹さんは自分自身のことで両親と話をすることを拒否しました。私が両親と連絡を取り、話をすることも拒否しました。彼は周りの視線が自分自身に向くことを避けていました。

週一度一時間の面接を続けました。私が彼に信用される存在になる必要があると思いました。一時間の面接では、一週間の家庭内の出来事、その間に気になったこと考えたことなどを聞き、その上で何をし何をしないかを確認しました。面接が進むと、彼も自分自身の今の状態は同じ所をグルグル回っていて、両親と話をしないと先に進まないと話すようになりました。会うようになって一年半が過ぎたころ、私が両親に連絡を取ることについて、彼から了解が得られました。彼の中で折り合いをつけていくためには、それだけの時間が必要だったのだと思います。

(3) 希望が聞かれた時——剛さんの場合

気持ちが動き始めると、本人がしたいことを話しだす時があります。そのような時、私は本人がしたいことが少しでも実現できるように、応援することにしています。
剛さん(仮名)は中学・高校時代は不登校。高校はなんとか卒業したものの、卒業後は自宅にこもる生活を続けていました。母親からの連絡を受け、私が話を聞くことになりました。ある面接の日、彼は面接の間、自分の髪をしきりに触っていました。表情もいつもよりも暗い印象がありました。

私　　:何かありましたか?
剛さん:親から自分の生活のことを色々言われ、腹が立つ。でも、それを親にぶつけた所で分かってくれない。自分は今までずっとがまんしてきた。

私：そうか〜。でも、がまんするにも限界はあるよね。そんな時はどうするの？
剛さん：イライラした時は、ネットで衝動買いする。買っても使わない。使わないとそれをまた親に怒られる。そうすると、またイライラする。
私：同じところをグルグル回ってしまいそうだね。剛さんは、できるかできないかはいったんおくとしたら、どんなことができたらいいなと思いますか？
剛さん：声優
私：声優？　声を出す人？　そう、いいね。声優さんと言っても、アニメやナレーションとか色々ありそうだけど、剛さんはどんなものがいいの？
剛さん：声優だったら何でもいい。以前、憧れたけどあきらめていた。声優は一〇代の子も多いし、もう年だからダメだと思っている。親に言ってもダメだと思う。
私：私は剛さんのしたいことが聞けて嬉しいよ。素晴らしい目標だと思うよ。剛さんのしたいことに向けて、何ができるか、一緒に考えてみない？
剛さん：(うなずく)

彼と一緒に、声優になるにはどうしたらいいか調べることにしました。養成所に入るのが一般的であることが分かり、養成所について調べてみました。調べた内容を本人と確認し、費用、場所などから一つの養成所を選びました。そこでは体験入学を受け入れていました。本人の貯金残高から考えて、マンスリーマンションを三か月借り、養成所に体験入学する。その上で本当にしたいのか実際にできるのかを考え、無理であれば三か月で戻ってくるという計画を立てました。そのことを母親に対して一緒に話しました。母親は「できる訳がない。声優はもっと若い人が挑戦するもので、うまくいかず戻ってくることになる」と反対をします。その後、数回の面接を重ね、最終的には彼の意志が変わらないことから、母親は渋々納得をしました。

彼は計画通り一人暮らしをし、養成所に体験入学しました。一か月が経過した時、電話がありました。「体験入学を受けた。楽しかった。声優の仕事だったら何でもしたい。正規入学の試験を受けた。芦沢さん、合格したよ」と話していました。

その後、彼の状況は大きく変わっていきました。バイトをしながら養成所に通い続けました。知り合いになった会社の人から声をかけられ、小さい役ながら声優としての仕事が舞い込むようになりました。県外に出て一年後、彼が初めてアフレコをしたＤＶＤが発売されました。彼は私の所に発売されたＤＶＤを持ってきてくれました。彼からＤＶＤを購入しサインをもらいました。一年前の暗い表情とは異なりイキイキとした表情をしていました。「大変だけど、演技は楽しいよ。演技は皆と一緒にやらないといけない。前は他人と自分の意見が違うことが嫌だった。だから、そういうことは避けてきたけど、今は演技が好きだから、がまんできる。今は他人と意見が違う時、どこで折り合いをつけるのかを話していくのが楽しい」と話していました。

（4）むなしさを絆に――孝二さんの場合

孝二さん（仮名）は現状が変わらず、朝になれば同じことを考え、毎日同じ日々を過ごしている状況に不満を持っていました。ただ、変わろうとは思うものの、私が彼に提示する集団支援や就労支援の場には行かないか、行っても一回のみで、継続することができませんでした。彼の中には、変わりたい気持ちと変わりたくない気持ちが交差していました。彼はその状況を私に「むなしいです」と話しました。「むなしい」と聞いた時、であれば動けば良いのではという考えが私には浮かびました。ですが、動けば解消されるものではないのかもしれないとも思いました。将棋で相手が何を指しても次に玉を取られる状態を「詰み」といいます。変わりたい、でも変わりたくない。交差する気持ちの中で、自らが詰んで、動けなくなっているように感じました。

そして、「むなしい」と聞いた時、私が彼と同じ感情を持っているとも感じました。彼らに対して色々なことを考えます。彼らが動かなくても、悩む過程に伴走しようと思います。でも、心のどこかで動いてほしいとも思います。私の話に彼らが乗ってこない時、それを受け止めようと思う気持ちとともに、動いてほしいという気持ちが交差します。そして、感じるのは「むなしさ」のような気がします。

北海道浦河に、精神障害者の地域活動拠点として有名な「べてるの家」があります。「べてるの家」のキャッチフレーズに「弱さを絆に」があります。私は彼らとの間で「むなしさを絆」にできればいいなと思います。

もちろん、洋平さんや剛さんのように本人に全て会えるわけではありません。会えない場合も多くあります。訪問しても会えない場合は、前述のとおり、様子を見るという対応はせず、その後も定期の訪問を継続することにしています。

(5) 会えない時——真治さんの場合

真治さん（仮名）は二〇代の男性。高校卒業後、自宅の居室にひきこもる生活を続けていました。一緒に暮らす両親は彼とどう接したらよいか悩み、悩めば悩むほど接することに戸惑いを感じ、結果的に彼とは全く会わない生活を送るようになりました。両親は日中起きて通常の生活。彼は、夜、両親の寝た後に部屋を出て、ご飯を食べ、お風呂に入り、また部屋に戻る生活を送るようになりました。

両親からの相談を受け、訪問することになりました。予め両親に、私が真治さんに会いたい旨を書いた手紙を渡しておいて、訪問しました。部屋の扉越しに声をかけますが、物音は聞こえるものの返事はありませんでした。返事がないまま、両親と決めた曜日と時間で訪問を重ねました。訪問中の一時間、私は日頃どんなことをやっているのか、どのような相談があるかなどを語りかけました。最初は私の持っていくもの（マンガなど）には全く触れなかったものの、回を重ねるごとに炭酸飲料やコンビニスイーツであれば、夜、部屋から出てきた時に食べたりするなどの変化も見られるようになりました。

本人が人と会うことを拒否していて、一緒に暮らす家族も会うことができない場合、日中本人が何をしているのかを知ることはできません。誰とも会わずに自室で何をしているのでしょう？　ゲームやパソコンをやっているのではないかと想像してしまいます。確かに、ゲームやパソコンをしている人は多いのですが、それと同じくらい、もしくはそれ以上に、何もしていない人「自室の中で横になっているかじっと座っている（斎藤 2016）」人が多いように感じます。行動するには体力を使います。修行僧のように、動かず、じっとしている人は私達が思っている以上に多いと思います。

また、年齢を重ねると、いくら食べる量が減っても、身体に脂肪がついてきます。体型の変化を気にして、自室で腕立てや腹筋などの筋トレをする人がいます。また、気分転換を兼ねて、本棚の本を並び替え、家具の位置を変えるなどの模様替えをする人もいます。

6 終結について

関わり続けた場合、どのような状態になった時に終結になるのかという質問を受けることがあります。電話でも面談でも、相談の終わりに次回の予定を確認します。その際、次回の予定を決めずにしばらくは本人が自分自身でやってみるという話に、本人と私との間でなった時を終結としています。あくまで、終結とは定期の相談日を決めないということなので、その後本人から相談の電話などが入れば、それを拒むことはしません。

このような話をすると、それでは相談件数が増え続け大変ではないのかと言われます。確かに相談件数は増えます。ただ、終結した本人からは、その後多くの電話などが入るといったことはありません。

連絡が入る時は、困った時やその後の報告をしたいという時であって、定期相談を受けていた時と同じ時間がかかるわけではありません。大事なことは関係を切ることではなく、細くても繋がっていること、何かあれば連絡が取れる状態であることが彼らの安心になると私は思います。

■参考文献

阿部志郎 2008「福祉と変革」阿部志郎・河幹夫『人と社会――福祉の心と哲学の丘』中央法規出版：157-187
帚木蓬生 2017『ネガティブ・ケイパビリティ――答えの出ない事態に耐える力』朝日新聞出版
五十嵐貴久 2017『超・戦略的！作家デビューマニュアル』ＰＨＰ研究所
伊藤秀成 2016『ひきこもり・ニートが幸せになるたった一つの方法』雷鳥社
石川清 2017『ドキュメント・長期ひきこもりの現場から』洋泉社
岩野響 2017『15歳のコーヒー屋さん――発達障害のぼくができることから、ぼくにしかできないことへ』ＫＡＤＯＫＡＷＡ
岩野響・開人・久美子 2017『コーヒーはぼくの杖――発達障害の少年が家族と見つけた大切なもの』三才ブックス
木原活信 2003『対人援助の福祉エートス――ソーシャルワークの原理とスピリチュアリティ』ミネルヴァ書房
―― 2014『社会福祉と人権』ミネルヴァ書房
国分功一郎 2017『中動態の世界――意志と責任の考古学』医学書院
千葉雅也 2017『勉強の哲学――来たるべきバカのために』文藝春秋
岸見一郎・古賀史健 2013『嫌われる勇気――自己啓発の源流「アドラー」の教え』ダイヤモンド社
―― 2016『幸せになる勇気――自己啓発の源流「アドラー」の教え』ダイヤモンド社
近藤直司他 2010「思春期ひきこもりにおける精神医学的障害の実態把握に関する研究厚生労働科学研究費補助金こ

ころの健康科学研究事業「思春期のひきこもりをもたらす精神科疾患の実態把握と精神医学的治療・援助システムの構築に関する研究（主任研究者　齊藤万比古）」平成一九年度〜二一年度総合研究報告書：43-51
近藤直司 2017「ひきこもりの原因とメカニズム」江口昌克編『ひきこもりの心理支援　心理職のための支援・介入ガイドライン』金剛出版：39-55
ユヴァル・ノア・ハラリ（柴田裕之訳）2016『サピエンス全史（上）――文明の構造と人類の幸福』河出書房新社
――『サピエンス全史（下）――文明の構造と人類の幸福』河出書房新社
宮淑子 2014『ひきこもり５００人のドアを開けた！――精神科医・水野昭夫の「往診家族療法37年の記録」』ＫＡＤＯＫＡＷＡ
斎藤道雄 2010『治りませんように――べてるの家のいま』みすず書房
斎藤環 2016「ひきこもりと貧困」『精神療法』42（6）：71-72
佐久本庸介 2017『青春ロボット』ディスカヴァー・トゥエンティワン
高橋源一郎・辻信一 2014『弱さの思想――たそがれを抱きしめる』大月書店
旦部幸博 2017『珈琲の世界史』講談社
谷口仁史 2017「家族支援から当事者支援への結びつき――ＮＰＯスチューデント・サポート・フェイスにおける実践活動」一般社団法人日本臨床心理士会監修、江口昌克編『ひきこもりの心理支援――心理職のための支援・介入ガイドライン』金剛出版：73-112
辻信一 2015『弱虫でいいんだよ』筑摩書房
鷲田清一 2009『噛みきれない想い』角川学芸出版
全国大学連合コーヒー学特別公開講座 2015『問題形式で学べるコーヒー学の基礎』旭屋出版

本人と集団との出会いを応援する　やってみよう！

［対人関係／興味］

「正しいより　楽しい。正しいより　面白い。やりたかったこと　やってみよう。失敗も思い出。はじめよう　やってみよう。誰でも最初は　初心者なんだから。やったことないことも　やってみよう。苦手な相手とも　話してみよう。知らなかったこと　見たことないもの　あたらしい　楽しい。……振り返るより　振り向いて　掘り返すより　掘り出して　過ぎた話はほどほどに　今の話をしよう　恐れず　迷わず　同じ今日という日は　二度とないんだから　明日よりも今日に　はじめよう　知らなかった自分と　一緒に走ろう　思い立った日が　思いついた日が　そこがスタートだ」（WANIMA　やってみよう）

1　はじめに

ガイドラインによれば、ひきこもり支援では、家族支援、個人支援、集団支援、就労支援を段階的に対応することが推奨されています。生活困窮者自立支援法の施行後、県内の自立相談支援機関に、個人支援だけでなく集団支援の実施を依頼すると、「ノウハウがない」と返ってくることが多いようです。全く関わったことがなければ、そのような反応があっても不思議ではありませんが、関わって数か月、一年と経過した後に同じ答えが返ってくるなら、「ノウハウがない」のではなく「ノウハウを得る気がない」のだと思います。

なぜ、ノウハウを得る気がないのか？　人は何かを始めようとする時に、始めなければいけない理由（優先順位）の程度と実行可能性について考えます。その上で、①優先順位が高く実行可能なもの、②優先順位が高く実行が難しいもの、③優先順位が低く実行可能なもの、④優先順位が低く実行が難しいものの順に物事を進めていきます。ひきこもり事例への集団支援は、優先順位が低く実行が難しいと考えているから、実施する機関が現れないのであり、改善していく為には、優先順位を上げるか実行可能な状態にする必要があります。ただ、集団支援の実施は義務ではなく、現状では自立相談支援機関が多くの事例と出会えておらず、ニーズが表面化していないので、優先順位を上げることができません。自立相談支援機関が実行可能な仕組みをこちらが提供していくことが必要なのだと思います。

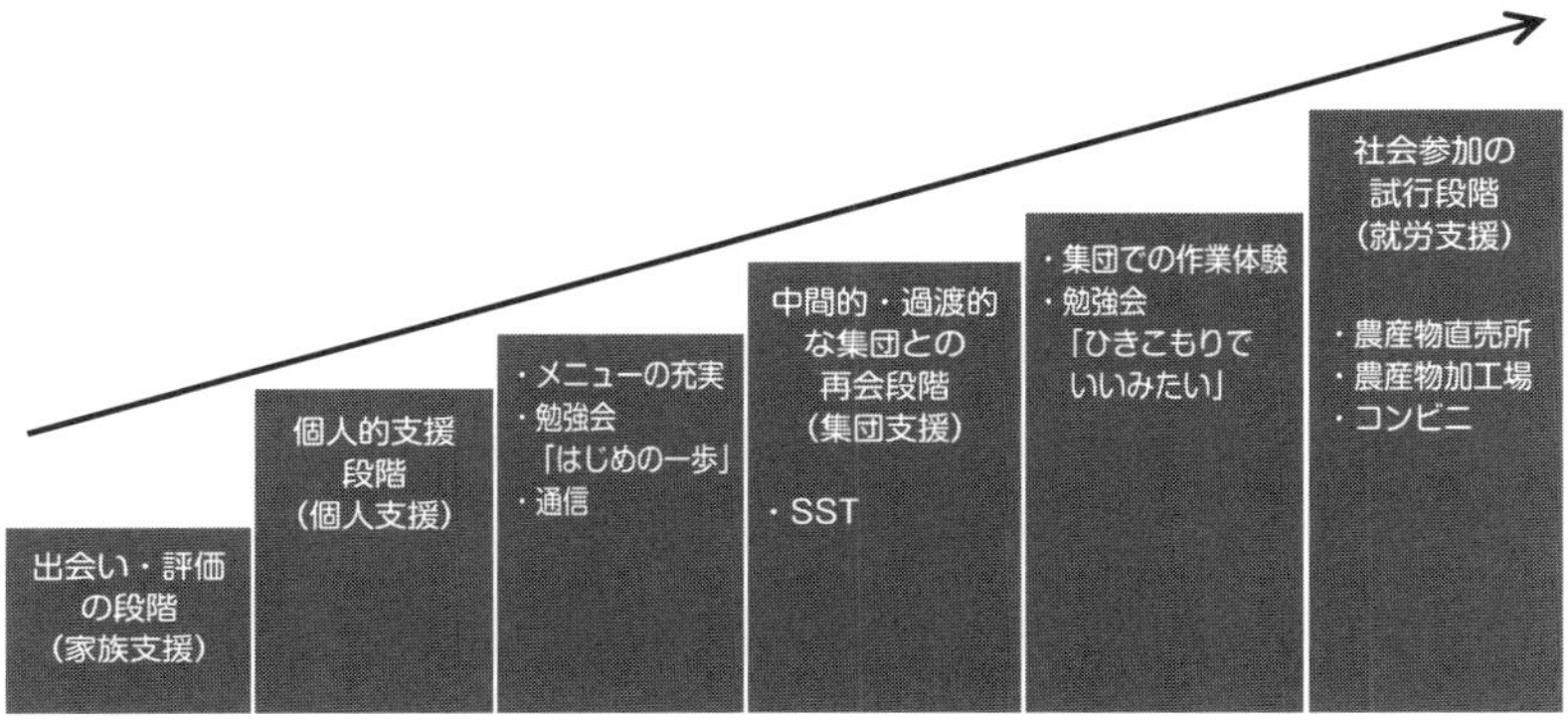

図３　山梨県立精神保健福祉センターにおけるひきこもり支援の諸段階
出典：斉藤万比古他（2010）「ひきこもりの評価・支援に関するガイドライン」における図を修正

集団支援では、「やってみる」ということを意識して関わっています。ひきこもっている人の多くは、何をすればいいのかが分からないことに不安を感じており（境 2015）、変わらなさに関する確信（斎藤 2013）から変化することに抵抗を示すことが多いと指摘されています。ひきこもりの特徴として対人関係の欠如が挙げられていますが、集団支援ではその改善を目指し、SST（ソーシャルスキルトレーニング）★1やレクリエーションを行う機関も多いように思います。ただ、不安が強い中、自分の苦手な対人関係の改善のために集団支援の場に来ることができる人がどれだけいるのかと考えれば、あまりいないように感じます。事実、私が集団支援を担当するようになった時の内容は、ミーティングや外出などで、職員と当事者だけで行い、参加者数も少なく、固定化していました。

不安が強い彼らが参加できるためには、不安を減らす仕組みを作る必要があります。私は集団支援（AG）の回数を増やし、対人関係ではなく、彼らがやってみようと思える、興味・関心があるものに内容を変えることにしました。そして、集団支援に繋ぐ仕組みと集団支援から次の段階に繋ぐ仕組みを作ることにしました（図3参照）。その取り組みの結果、平成二五年度以降、実数で七名前後だった参加者は三〇名を超えました。

2　集団支援に入る前に

それまでは、日程と内容が書かれた簡易なチラシを作り、家族相談に来た家族に集団支援の説明を行い、家族から本人に話をして参加を促してもらうか、来所や訪問で本人と会った際に集団支援の説明を行い、参加を促していました。ただ、説明しても、どんなことをするのかを本人が想像できず、断る人もいました。また、最初は参加を承諾しても、時間が経つ中で色々と考えてしまい、当日にキャンセルする人もいました。

色々と考えてしまう彼らの不安を減らすために、①どんなことをするのか視覚的に分かるものを作り本人に見せる、②既に集団支援に参加している人から、どんなことをするのか、どんなことが気になったのか、参加したらどうだったかについて話をしてもらい、まだ参加していない人に聞いてもらう機会を設けることにしました。

（1）通信の発行

グループ名であるＡＧから名前を取り、「ＡＧ通信」と名付けました。集団支援の様子を写真に撮り、

AG通信　第2号
「秋といえば、食欲の秋」
１１月１９日（木）、農産物直売所に行き、野菜の袋詰め作業をしました。
計　３名の参加がありました。みかん、ナス、ぎんなん、柿のラベル貼りをしました。
ラベル
みかん
ナス
ぎんなん
柿
出来上がり
ご連絡は　０５５−２５４−８６４４（芦澤、芦沢）
＜今後の予定＞
１１月２５日（水）１６：００〜１７：００　勉強会（コンビニの作業体験）
１２月　１日（火）１０：３０〜１２：００　県立美術館、クリスタルミュージアムへの見学
１２月１７日（木）１５：００〜１６：３０　緑が丘体育館で卓球

ＡＧ通信　第２号

AG通信　第8号
「味噌♪　味噌♪　味噌♪　手前味噌♪」

平成２８年１月２５日（月）、味噌作りを体験しました。当日は５名の参加（うち、家族２名）がありました。今日、作った味噌は１０月頃には食べられるそうです。今から楽しみです。

大豆を煮る。

大豆をつぶす。

大豆・塩切り麹・煮汁を混ぜる。

柔らか過ぎない状態まで混ぜる。

空気を抜き、容器に入れる。

ラップをピッタリ貼り付ける。

＜今後の予定＞

ご連絡は　０５５−２５４−８６４４（芦澤、芦沢）
・平成２８年２月　９日　１４時〜１５時３０分　バトミントン　場所：緑が丘スポーツ公園
平成２８年２月１５　１０時３０時〜１２時　マリオテニス　場所：精神保健福祉センター
平成２８年２月１９日　１０時３０分〜１２時　作業体験　場所：農産物直売所
平成２８年２月２９日　１０時３０分〜１２時　陶芸　場所：精神保健福祉センター

ＡＧ通信　第８号

当日の様子や行ったことについての説明文等を入れました。後述する就労支援では作業を細分化し、それぞれの作業の写真に説明文を加えた「手順書」を作りますが、それと同じように参加したらどのような流れで進むのかが分かるように通信を作成しました。通信は当日の参加者とともに、まだ参加していない本人や家族に配布しました。

(2) 勉強会

既に集団支援に参加している本人が講師となった勉強会を企画しました。写真をスクリーンに映し出し、私が質問して本人が説明する形を取りました。講師を務めた本人には、事前にどの写真を使いどの

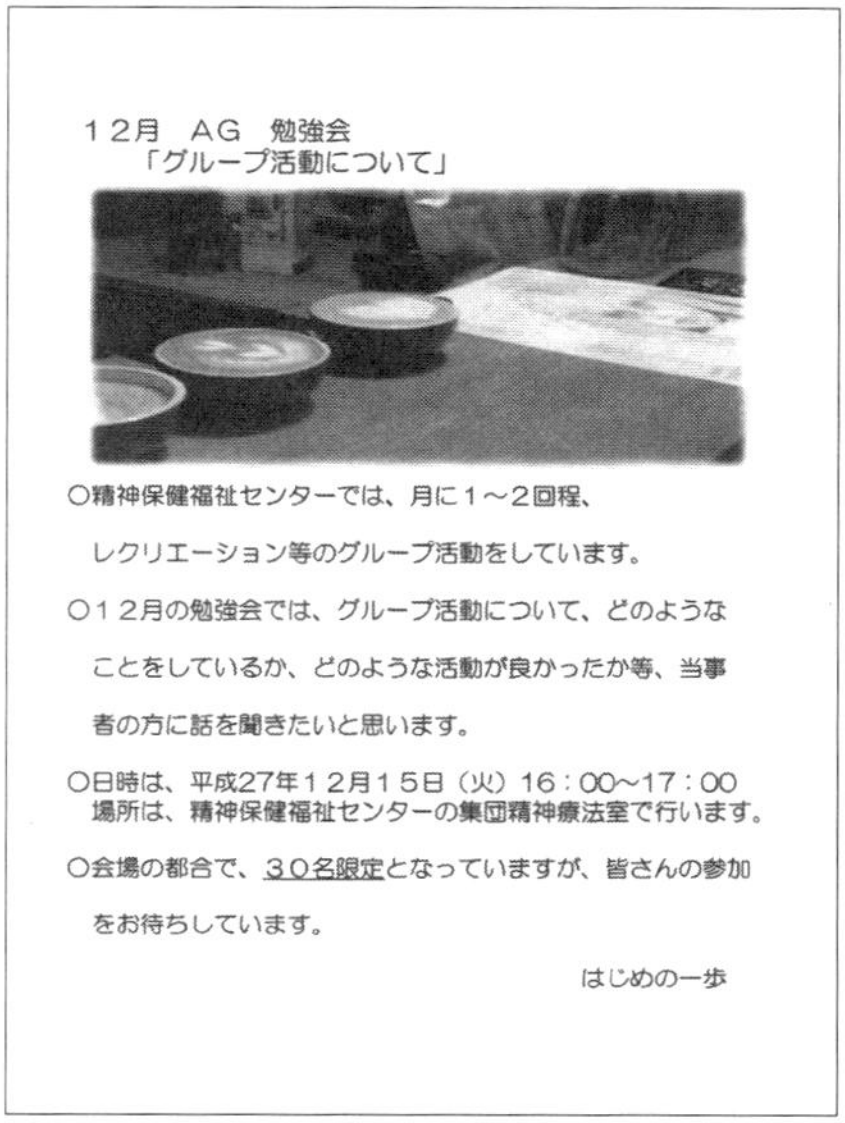
１２月　ＡＧ　勉強会
「グループ活動について」
○精神保健福祉センターでは、月に１～２回程、
レクリエーション等のグループ活動をしています。
○１２月の勉強会では、グループ活動について、どのような
ことをしているか、どのような活動が良かったか等、当事
者の方に話を聞きたいと思います。
○日時は、平成27年１２月１５日（火）１６：００～１７：００
場所は、精神保健福祉センターの集団精神療法室で行います。
○会場の都合で、３０名限定となっていますが、皆さんの参加
をお待ちしています。
はじめの一歩

勉強会のチラシ

勉強会　当日の様子

ような質問をするのかを伝え、了解をとった上で行いました。当日は家族や支援機関の職員も参加可能としました。勉強会のタイトルは「はじめの一歩」としました。講師は「参加する時に色々と考えてしまうけど、まずはやってみることが大切」と話していました。

（3）集団支援に本人を誘うには

通信を発行し、勉強会を開催するものの、それだけで、集団支援に参加してくれる人はなかなかいません。通信や勉強会で興味を持ったタイミングで本人と面接し、集団支援への参加の有無を確認する必要があります。彼らに集団支援の話をする時は、以下のような形を取ります。

私　：こんにちは。
本人：こんにちは。
私　：どうぞ、おかけ下さい。お変わりありませんか？　先日、勉強会に参加して下さいましたが、何か気になったことはありますか？
本人：特にないです。
私　：そうですか。勉強会で陶芸や料理等、グループ活動で行っていることが紹介されていたと思いますが、その中で強いて挙げれば気になったものはありますか？
本人：陶芸。
私　：陶芸のどんな所が気になりましたか？
本人：やったことがないから、作ったらどんな感じになるのかなと思った。
私　：そうなんですね。作るのであれば、どんなものを作ってみたいですか？
本人：コップ。毎日、コーヒーを飲むから。
私　：そうですか。自分で作ったコップだと、また雰囲気が違うかもしれないですね。陶芸をやった時の様子はこんな感じです（通信を見せながら）。これが先生です。それぞれの机の上に先生が粘土を置いてくれ、最初に先生がお手本を見せてくれます。この時はお皿を作りました。この日に作ったお皿は先生が持ち帰り、素焼きしてくれます。一か月後、先生が素焼きしたものを持ってきてくれます。それで良ければ、面接でこちらに来てくれた時にお渡しします。素焼きしたものに色をつけたい希望があれば、再度先生に来て頂いて、色をつける機会を作ります。

ちょうど来月のグループ活動で陶芸が予定されています。場所はここの隣になります。材料費が五〇〇円かかります。活動中、話をすることはありません。当日、体調が良くないなどでお休みしてもだいじょうぶです。参加してみませんか？

本人：じゃあ、やってみます。


集団支援に本人を誘う時に大事になるのは、タイミングと勢いです。本人が自分からこれに行きたいと希望してグループ活動に来たという経験は、私にはあまりありません。多くの場合なんとなく来たという感じで、その状況を作るためには、いつ彼らに話をするのかが大事になります。グループ活動で行っているものの何に関心を持ちそうかは、それまでの家族、本人との話から推測しておきます。その上で、通信を発送した後や、勉強会に参加した後の面接、あるいは本人が関心を持ちそうなものがグループ活動で行われる前の面接で話をします。

話の内容は、通信や前回のグループ活動の写真を見せながら、彼らが負担をあまり感じず、参加できそうだと思えるようなものにします。負担に感じるものとしては、①グループ活動なので、他の参加者と一緒に行わなければならないのではないか、話をすることを求められるのではないかというグループ活動そのものへの心配、②一度申し込んだら引き返せないのではないかという心配などです。グループ活動であっても作業は個別であること、申し込み後のキャンセルも可能であることを伝え、軽く「参加してみない？」と聞くことが大事なように思います。

3　集団支援で行うこと

個人相談で話を聞いていると、他人から注目される場所、例えば洋服屋などに行くことを嫌がる人に多く出会います。集団に混じって注目されなければだいじょうぶという彼らの特徴を考えると、内容に興味がもてて集団に入れれば参加可能なものが良いと考えました。具体的には、臨床美術、陶芸、蕎麦打ち、茶道、太鼓、料理などです。外部講師依頼に使える予算が少ないので、ほとんどはボランティアとして知人にお願いしました。

(1) 臨床美術

職員が通っている教室の先生に講師を依頼しました。

臨床美術とは創作活動を通じて脳を活性化するもので、認知症の症状改善を目的に開発されたものですが、現在は保育園等でも取り入れられるようになっています。何か答えがあり、それにそって描くのではなく、自分が感

臨床美術

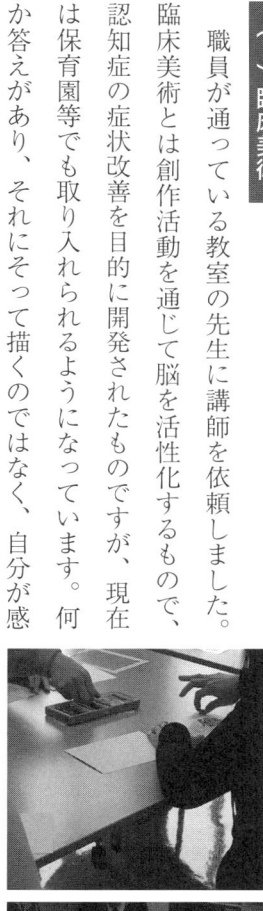

じたものをそのまま描いていきます。例えば、春をテーマにクレヨンで線を引くなどを体験しました。正解を求めない形に惹かれ、参加者が毎回多いプログラムになりました。

（2）陶芸

障害者の文化活動の支援を行う団体に講師を紹介してもらいました。湯呑や小皿を作り、後日焼きあがったものに色づけをしました。参加者も多く、体験を通じて、講師の主宰する陶芸教室に通う人も現れるようになりました。

（3）蕎麦打ち

蕎麦で有名な地域に住む知人に紹介してもらい、蕎麦教室を開催している先生に講師を依頼しました。プロの道具を使い、蕎麦粉から麺を作り、切って、茹でて、試食しました。

（4）茶道

知人の紹介で茶道教室の先生に講師を依頼しました。着物を着た先生から作法を教わり、相手にお茶を出し、相手から出されたお茶を飲む経験をしました。

陶芸

蕎麦打ち

茶道

(5) 太鼓

趣味で太鼓演奏をしている知人に講師を依頼しました。太鼓を公共施設の会議室に運び、大太鼓と小太鼓をリズムに合わせて叩く経験をしました。

(6) 料理

陶芸と同様に、障害者の文化活動の支援を行う団体に講師を紹介してもらいました。ワンコイン（五〇〇円）で作れる料理を講師に考えてもらい、レシピに従い、参加者で分担しながら作り、食べる経験をしました。

(7) スポーツ

公共の体育館を借り、ソフトバレーやバドミントン、卓球等を行いました。個人で行うことが可能なバドミントンや卓球を得意とする参加者が多くいました。

(8) ラテアート

面接をしていると、コーヒーが好きという話をよく聞きます。コーヒーで何かできると面白いかもしれないと思っていたとき、職場の同僚から学生時代の後輩が近くでコーヒー店をオープンしたとの話を聞きました。同僚に連絡を取っ

スポーツ

料理

太鼓

てもらい、朝の開店前にラテアートの体験をさせてもらいました。ラテアートとはホットカフェラテにアートを施したものを言います。大きく分けて、エスプレッソの入ったカップにスチームしたミルクをピッチャーから注ぐ「フリーポア」と、スプーン等を使って絵を描いていく「エッチング」があり、当日は「フリーポア」でハートを作る体験をしました。なかなか上手くハートを描くことができず、苦戦していましたが、参加者からはこれまでのプログラムの中で一番楽しかったとの感想が聞かれました。

ラテアート

（9）味噌づくり――壮介さんの場合

「みそ　みそ　みそ　手前みそ　うちで作ろう　うちの味……」という曲をご存知でしょうか？　ユーチューブで「手前みそのうた」と検索をかけると、動画がアップされています。その曲の通りにすれば、手前味噌が作れるというものです。醤油、味噌、酒等、日本にはたくさんの発酵食品があります。この「手前みそのうた」（作詞作曲：森ゆに）を聞きながら、ひきこもりも発酵食品と考えれば面白いと思いました。

劇場では上映されない『降りてゆく生き方』という映画があります。詳細は映画をご覧いただきたいのですが、コチコチの団塊世代である武田鉄也さんが演じる営業マン「川本五十六」が、社会や家族から見放される中、悪戦苦闘しながら地域の課題と向き合おうとする人びととの出会いをとおして、自らの人生と日本がかかえる問題に真正面から向き合っていく物語を柱に構成されています（向谷地 2010）。ひょんなことから亡くなった同級生が営んでいた酒蔵を訪れた主人公に、同級生の妻が人を酒に置き換え、「発酵と腐敗は同じもの。人間にとって有益であれば発酵。害があれば腐敗」と話すシーンがあります。

発酵と腐敗、現象は同じです。ですが、同じ現象をプラスに見るか、マイナスに見るかで大きく変わってきます。そして、味噌はどこで寝かせるかで味が違ってきます。

ひきこもりの期間は彼らが次に進むための発酵期間であり、それぞれが違っていることが魅力であると考えれば、素敵だなと思います。

そんなとき、地元の味噌屋さんが、味噌作り体験ができるスペースを開設したという新聞記事を見つけました。団体であれば申し込みができるとのことで、申し込みました。

手前味噌の作り方の流れとしては、①大豆を煮る、②塩と麹を混ぜる、③味噌団子を作る、④味噌を仕込む、⑤発酵させる（仕込み後、一年ほどそれぞれの家の涼しい所で寝かせる）になります。①と②は味噌屋さんがやってくれ、体験では③と④を主に行いました。作る味噌の量は一人二キロ。量が多いようであれば、一キロでも良いという話でした。私は一キロ、他の参加者は二キロ作ることになりました。

当日は家族も一緒に参加できることにしました。私は写真係となり、私の分は参加された本人、家族に任せることにしました。

味噌団子を作って保存容器に入れる際、「ハンバーグを作るとき空気を抜くように、味噌も空気を抜く必要があります。容器の底をめがけて、投げ入れて下さい」という味噌屋さんの話がありました。

壮介さん（仮名）はこれまで自宅でパソコンばかりの生活でした。同居の家族から今後のことなどを言われることを嫌がり、家族からの相談後、すぐに私の所属する機関に来所しました。味噌作りの当日、彼は家族と一緒ではなく一人で参加していました。容器の中に味噌団子を入れる段階になったとき、体験スペースの中に大きな音が響きました。彼は遠投でもするのかと思うくらいの勢いで、味噌団子を容器に投げ入れていました。「バーン」、「バーン」、その後も同じ勢いを保ちつつ味噌団子を投げ入れます。

みんなが投げ入れた後、味噌屋さんがみんなの味噌が容器に入っているかどうか確認してくれました。壮介さんの目の前にある容器は、他のものより小さいものでした。彼は私の味噌を作ってくれていたのです。彼の様々な思いが詰まった味噌が私の家でどのように発酵するのか、楽しみだなと思いました。参加した家族からは、家族の間で一つの話題ができましたとの感想が聞かれました。

(10) マリオカート選手権――祐樹さん、慶太さんの場合

外部講師に頼ってきた集団支援ですが、頼るにも限界があるので私達だけで行うことができるものを考えました。本人が普段行っていることを考えてみると、ゲームがあります。ただ、ゲームを同時にできるのは四人で、それ以外は見ているだけになり、楽しそうではありません。一緒に盛り上がる方法はないかと考えたとき、私の脳裏にテレビで放送された「Eスポーツ」の「プロゲーマー」の姿が浮か

びました。不登校やひきこもりの相談を家族から受けていると、子どもの生活状況で困ることとして、「ゲームばかりしている」という話を多く聞きます。「ネット依存」がマスコミなどを通じて問題として指摘され、ゲームが不登校やひきこもりを助長するかのように言われます。でも、その反面、「プロゲーマー」として活動し、収入を得て、生活をしている人もいます。その人達にとって、ゲームはプライドを持って取り組んでいる大事なものであるように感じました。

ゲーム機をプロジェクターに繋ぎ、画面をスクリーンに映し出して、トーナメント戦を企画しました。ゲーム機は、幅広い年齢層の参加を考えて最新機種は外し、やすいものとして、「Nintendo 64」を選び、ソフトは複数で対戦できて視覚的に分かりやすいものとして、マリオカートを選びました。マリオカートは、「スーパーマリオシリーズ」のアクションレースゲームで、マリオと仲間達がレーシングカートに乗り、多彩なコースで速さを競うものです。最大四人で対戦できますが、二人で対戦する形を取りました。

模造紙でトーナメント表を作成して会場の壁に貼り出し、日中、動画サイトで投稿者がゲームをしている映像を見ているという本人達の発言を思いだし、後方に観覧席を設けました。トーナメント名は、「マリオカート選手権」。以下のような参加者が現れました。

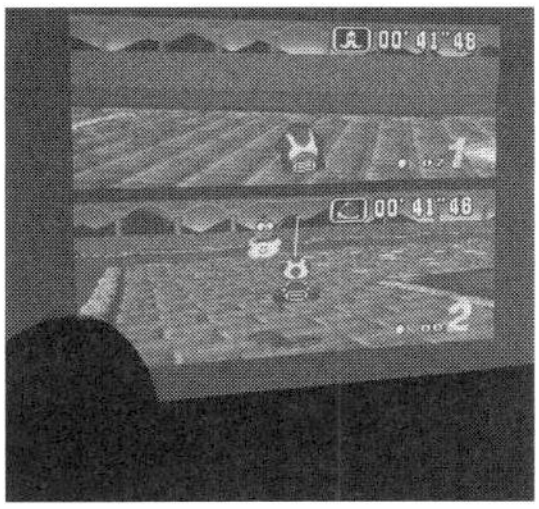

マリオカートとマリオテニス

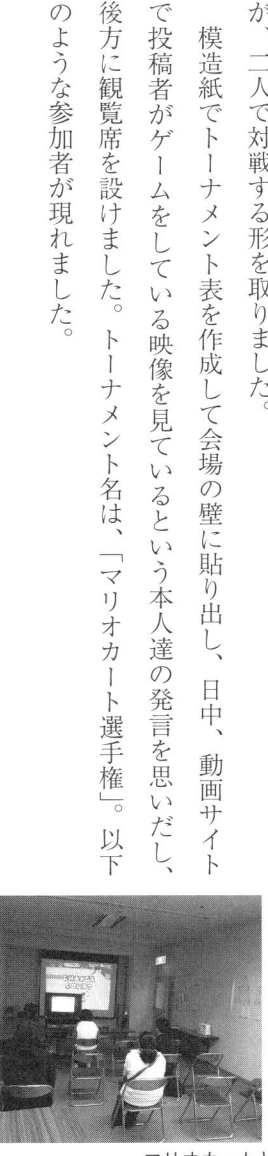

祐樹さん（仮名）は二〇代の男性。不登校を経験後、通信制高校を卒業し、その後は在宅生活を続けています。慶太さん（仮名）も同じく二〇代の男性。家族も含め人と話をせず、高校卒業後は祐樹さんと同じく在宅生活を続けています。二人は一年ほど前から、家族の働きかけもあって集団活動に参加するようになりました。でも、集団の中で彼らが何をしたいのかを私達が推し量ることはできずにいました。

開催前、私達は祐樹さんと慶太さんのどちらかが優勝すると予想していました。一番乗りした祐樹さんは札に名前を書き、第一試合に札を留めました。二番目に会場に到着した慶太さんはその隣に札をとめ、第一試合から優勝候補同士が対戦することになりました。

参加者にコントローラーの操作の仕方などを見てもらうために、試合開始前に、デモンストレーションで職員と一緒にやってくれる人を募集した所、いつもは受け身の祐樹さんが、「じゃあ、僕が」と手を挙げました。デモンストレーションで職員に勝つと、第一試合でも慶太さんに勝利し、その後の対戦も他の参加者が知らないような裏技を駆使し、優勝しました。対戦後に祐樹さんに話を聞くと、「（定期面接の）職員からマリオカートをやると聞いた時、自分のプログラムだと思った」と話していました。

これまでの集団活動では、職員からの声かけへの応答は別にして、参加者から声があがることはあまりありませんでしたが、今回の選手権では「おお～」、「ああ～」などの歓声があがり、沈黙が続くいつもの会場の空気とは変わっていました。

好きなことであれば、勝ちたいと思います。一回目のトーナメントで負けて悔しかった当事者の中には、リベンジを果たそうと動画サイトで予習をしてくる猛者も現れるようになりました。

第二回目のトーナメント開催当日、今回も一番乗りの祐樹さんは前回同様に第一試合に札を留めました。前回、第一試合で祐樹さんに負けた慶太さんは三番目に会場に到着しました。前回は初めての開催で慶太さんも状況が分からず、最初に来ていた祐樹さんの横に札を留めた可能性が高いのですが、今回は到着が三番目。会場についた慶太さんは自分の札を持ち、トーナメント表に既に貼られた祐樹さんの紙を見つけ、その横に自分の札を力強く画びょうで留めました。対戦では慶太さんが勝ちリベンジを果たしました。負けた祐樹さんは対戦後、「悔しかった」と話しました。彼らの中では私には見えないバチバチの会話が行われていました。その当時、世間ではちょうどサッカーの日本代表がワールドカップ予選で熱い戦いを繰り広げていました。規模は違いますが、山梨県のこの会場では彼らにとって「絶対に負けられない戦い」が繰り広げられていました。

その後は〝カート〟よりも〝テニス〟が好きとの本人の発言を受け、マリオテニスでも選手権を開催しました。ソフトを変え、選手権を開催することで、カートでは勝てなかった人がテニスでは勝つという状況も生まれました。

(11) 市主催のマリオカート選手権

前述のとおり、生活困窮者自立支援法施行後、自立相談支援機関が相談を受ける対象に「ひきこもり」が含まれるようになりました。山梨県では、市町村単位でもひきこもり支援を実施してもらいたいとのことで、精神保健福祉センターが実施している集団支援を地域に出向いて開催し、その地域の市町村職員等にも参加してもらう取り組みを二〇一六年度より開始しました。しかし、参加した市町村職員等からは、「ノウハウがないから自分の所で行うことは難しい」との感想が聞かれ、実施市町村は現れませんでした。

私は二〇一六年度に保健所に異動になったことから、管轄する市と相談することにしました。市の職員と話をした際、「マリオカート選手権」を市の主催でできないかと提案をしました。「マリオカート選手権」であれば、道具はゲーム機とプロジェクターのみで済みますし、公共施設を借りれば会場費もかかりません。市と協議を重ね、市主催で「マリオカート選手権」を開催することになりました。

開催にあたってはチラシを作成し、市役所内の関係する部署（教育委員会、地域包括支援センター等）に配布しました。当日は五名の参加がありました。五名のうち四名はこれまでに私との関わりがあっ

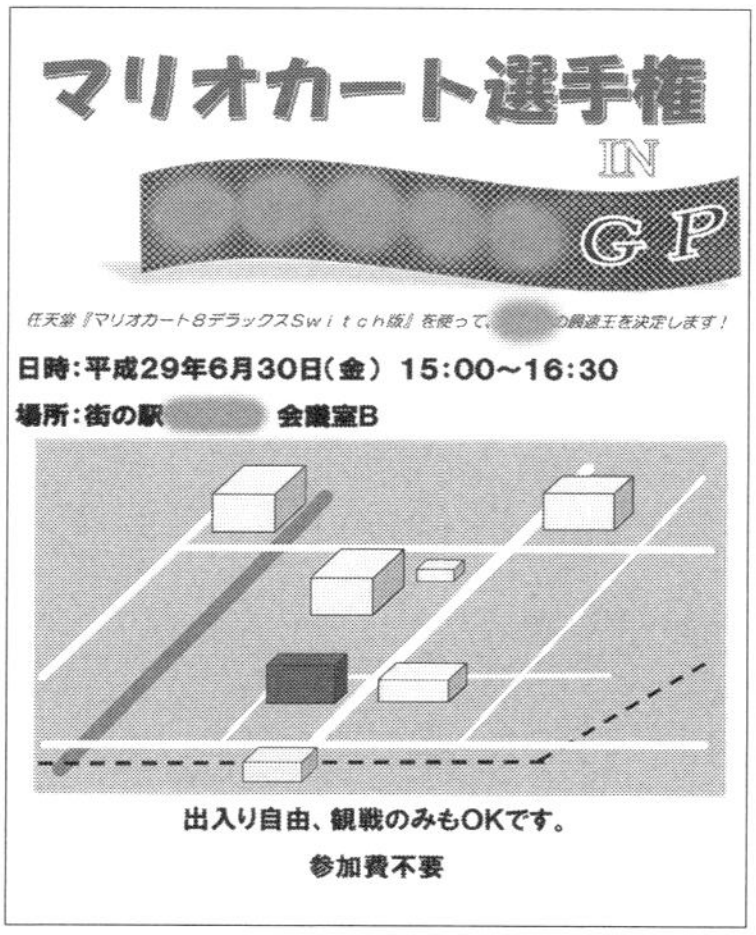

市主催の選手権　チラシ表

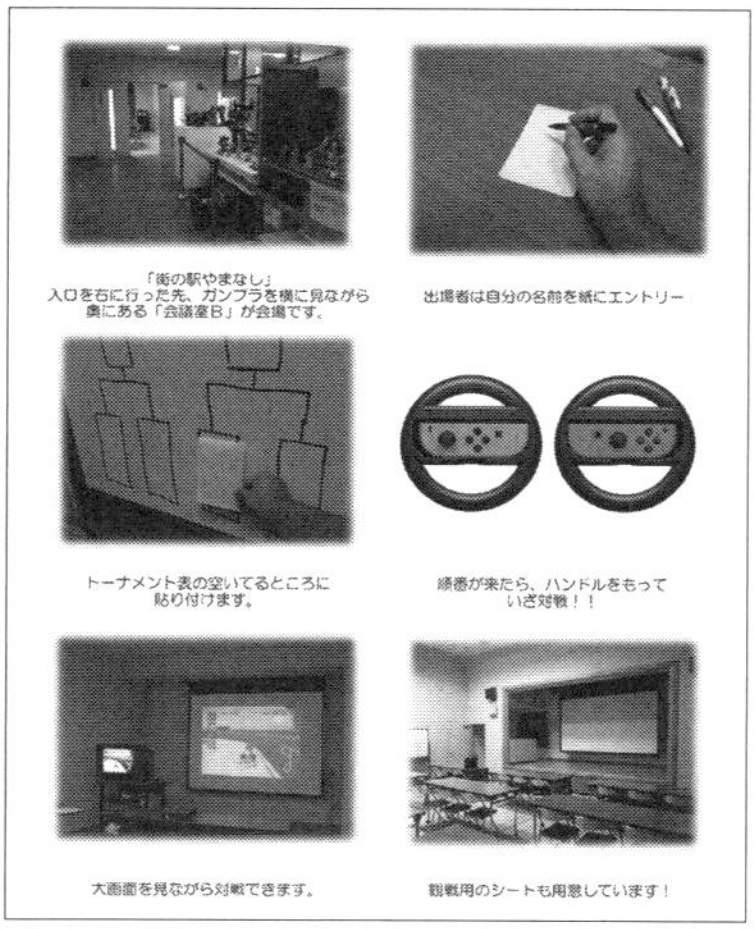

市主催の選手権　チラシ裏

た人、一名は市役所が家族からの相談を受けたものの、直接会うことができなかった人でした。自宅に郵送したチラシを見て、様子を見に来てくれました。トーナメント戦には五名のうち三名が参加しました。その他、私と同僚、市職員三名（うち一名は課長）が参加しました。

課長の対戦相手は、二〇代の幸喜さん（仮名）。課長は昔の機種でやったことはあるものの、新しい機種ではやったことがないと話していましたが、幸喜さんに勝ち、まさかの一回戦突破です。私も二週間前から優勝を目指し特訓をしていました。一回戦の対戦相手は市職員。目的は優勝なので一回戦は通過点と思っていました。そうしたらまさかの敗北。マリオカート選手権の開催の喜びと共に、私にとって忘れられない日になりました。

当日の様子

4　集団支援の後で

集団支援の次の段階である就労支援については後述しますが、農産物加工場、直売所、コンビニなどの協力を得て、診断や制度利用を前提とせず、精神保健上の問題に配慮した取り組みを行いました。これまでは障害福祉制度やハローワークなどを紹介する程度でしたが、協力事業所を得たことで、彼らが作業体験をできるようになりました。ただ、それを進めるためには、彼らが感じる不安を軽減する必要があります。①既に作業体験をしている人から、どんなことをするのか、始める前にどんなことが気になったのか、体験したらどうだったかについて話をしてもらい、まだ体験していない人が聞く機会を設け、②作業体験ができる場所に集団支援のプログラムとして行き、直接体験する機会を設けることにしました。

（1）勉強会

前述の勉強会「はじめの一歩」と同様に、既に集団支援に参加している本人が講師となった勉強会を企画しました。作業をしている場面を撮影した写真をスクリーンに映し出し、私が質問し、本人が説明する形を取りました。講師を務めた本人には予め、どの写真を使い、どのような質問をするのかを伝え、

AG（アクティビティグループ）
11月　勉強会　　仕事について
○平成24年度より、精神保健福祉センターではコンビニの協力を得て、作業体験を行っています。
○これまでに、4店舗、7名の方が体験しています。
○今回は、コンビニでの作業体験の説明と体験を経て、仕事をしている当事者の発表の機会を持ちたいと思います。
○日時は、平成27年11月25日（水）16：00〜17：00
場所は、精神保健福祉センターの集団精神療法室で行います。
○会場の都合で、30名限定となっていますが、皆さんの参加をお待ちしています。
ひきこもりでいいみたい

勉強会のチラシ

当日の様子

了解をとった上で行いました。当日は本人以外に家族や支援機関の職員も参加可能としました。勉強会のタイトルは「ひきこもりでいいみたい」としました。講師を務めた本人は参加者に「体験してみたら、楽しかった」と話していました。

(2) 集団での作業体験

農産物加工場と直売所に、月一回、定期的に作業体験に行くことにしました。体験時には、同じような作業体験を経て現在は農産物加工場や直売所で働いている人から、作業内容について教えてもらうことにしました。コンビニについては集団で行くことが難しいため、体験を経て既に働いている人が働いている時間に行き、作業を見せてもらい、気になることなどを直接聞く機会を設けました。

■注

1 日本語では社会生活技能訓練と訳されている。「ある人が何らかの問題に対する解決策を探している場合に、参加者全員でそれを解決するための選択肢をあげていき、それぞれの長所と短所を書き出していき、最終的にはそれらを踏まえて問題を提出した人が自分で解決策を決定していく(舳松克代 2008)」問題解決技能訓練等を行っている。

■参考文献

舳松克代編著 2008『SSTはじめて読本——スタッフの悩みを完全フォローアップ』医学書院

樋口進 2013『ネット依存』ＰＨＰ研究所
石川良子 2007『ひきこもりの〈ゴール〉』青弓社
河名秀郎 2010『日と水と土』一般社団法人降りてゆく生き方
宮西照夫 2014『実践　ひきこもり回復支援プログラム――アウトリーチ型支援と集団精神療法』岩崎学術出版社
向谷地生良 2010『べてるな人びと　第２集』一麦出版社
小倉ヒラク 2017『発酵文化人類学――微生物から見た社会のカタチ』木楽舎
齊藤万比古 2012「ひきこもり評価・支援に関するガイドラインの概要」齊藤万比古編著『ひきこもりに出会ったら――こころの医療と支援』中外医学社：17-38
斎藤環 2013『承認をめぐる病』日本評論社
境泉洋 2015「ひきこもる若者たち――データで見る現状と心理」『臨床精神医学』44（12）：1581-1587
清水義晴・小山直 2003『変革は、弱いところ、小さいところ、遠いところから』太郎次郎社
横川和夫 2003『降りてゆく生き方――「べてるの家」が歩む、もうひとつの道』太郎次郎社

第5章

本人と社会との出会いを応援する　続けてみよう！

［責任／役割］

「責任」といえば、国家の一員としての責任、家族の一員としての責任というふうに、組織を構成する「一員」として果たさねばならない事柄を思い浮かべる。それは匿名の役柄における責任であって、まぎれもなくこのわたしがいまだれかから呼びかけられているという含みはない。考えようによっては、阪神淡路大震災のあと、空前のボランティア・ブームが起こったときに人びとがとっさに抱いたのは、この、いまじぶんが呼びだされているという感覚ではなかったのかとおもう。仮設の避難所に遠くから赴いた人たちは、じぶんはだれも知らないちっぽけな存在だけれど、そして会社でもいつも何をやっても「あたりまえ」、とくに評価されるわけではないけれど、ここでは「ああ、また来てくれたんやね」と、他とは違うこの〈顔〉として認められ、たどたどしいけれどまぎれもなくこのわたしの言葉で話すことができる。ねぎらいあうことができる。」（鷲田清一 2013：231）

1 はじめに

社会との出会いにおいて、「就労」は大きな位置を占めています。前述のガイドラインでも、ひきこもり支援の最終的な目標は就労に置かれ、それに向けて直線的に進むことが想定されています。客観的に達成すべき基準を設定し、そこに支援される側を導こうとする支援は、どうしても思い通りにならない事例を抱え込むと指摘されています（関水 2016）。私自身は就労をひきこもり支援のゴールとは考えていません。適切ではないかもしれませんが、ゴールはどのようなものでもよく、今後生活をしていけるのか、生活していく糧（具体的にはお金）を得ることができるのか、そのためには就労しないといけないのかについて本人と話をしていくことが大事だと思います。

就労には責任というものがついて回ります。就労をするからには責任を持てというのは社会では当たり前のことかもしれません。ただ、ひきこもり事例を見ていると、その責任という言葉を重荷に感じている人が多いように感じます。責任は相手から求められるもの、役割はこちらが相手に対して担うものと考えると、彼らに必要なことは自ら認識した役割を持って、作業を行うことだと思います。

ひきこもり事例の就労支援について話をすると、「ひきこもりについて理解がある事業所がない」という答えが返ってきます。ここで言う理解は、本人や支援機関の状況への理解であり、言い方を変えればこちらの都合への理解です。「ひきこもり」に限らず、初めからこちらの都合に理解を示してくれる事業所はありません。あくまでも事業所の目的は事業を継続し収益を上げていくことであり、収益を上げるという目的を果たす上でメリットがあるか、またはデメリットがないと事業所が判断しなければ協力はなかなか得られません。必要なことはこちらの都合を事業所に理解してもらうことではなく、事業所の都合をこちらが理解し、こちらの都合との間で折り合いをつけることのように思います。

就労支援では、「続けてみる」ということを意識して関わっています。精一杯の頑張りをして一回で終わるよりも、少しの頑張りで長く続くことを考えます。本人が続けてみるためには、①その前提として本人にスタートラインに立ってもらい、②スタート後も本人が続けられるような仕組みを構築する必要があります。

本人に話をし、就労支援の段階に進むことに同意が得られた時は、①具体的に行動に移す日は間隔を空けずに設定する（二週間以内）、②その場で予定を決め、本人と約束することが重要になります。面接後に日程調整をして予定を決める形では、本人が同意した日から時間が空くことになり、「あの時は行くと言ったけど……」などと考え始め、時間の経過と共に不安感が増大していき、こちらが日程の連絡を入れる時には「やっぱり、行かない」という答えが返ってくることが多くあります。本人の決断が、イエスからノーに変わる前に約束をすることが大事になります。なぜ約束が重要かといえば、約束し、それを破ることには労力が必要だからです。本人達にとってそれは大変なことであり、約束をすることで本人もあきらめがつくように感じます。例えば、こんな形になります。

私：何かしても良いかなという感じはありますか？
本人：ないことはない。
私：そうですか。先日、私の知り合いが事業所でジャムなどの加工品を作っているとお話ししましたが、そこで作業体験をしてみませんか？
本人：……。
私：(作業をしている写真を見せながら)作業は加工する果樹、今の時期であれば桃を洗う作業をします。見ていただいた通り、作業中はエプロンとマスクを付け、帽子を被るので、外から見て、誰が行っているのかは分かりません。果樹の量が多く、作業に集中するため、他の人と話をすることもありません。時間は他の方は一時間から始めましたが、途中大変であれば切り上げることも可能です。作業中は私が横に付きます。困ることがあったら、私に話をしてくれれば大丈夫です。いかがですか？
本人：まあ。
私：やってみますか？
本人：(うなづく)
私：では、いつにしましょうか？　都合の悪い日はありますか？
本人：別にないです。
私：では、事業所の予定を確認してみますね(その場で、連絡を入れ、確認する)。

事業所は定休日以外であればいつでも良いと話してくれたので、私の都合で申し訳ありませんが、〇月〇日の〇時から〇時までの一時間でお願いできますか？（面接日から二週間以内）
本人：（うなづく）
私　：場所はだいじょうぶですか？
本人：ネットで調べます。
私　：分かりました。私は予定時間前には、入り口で待っているようにします。当日は今の服装でだいじょうぶです。特に何か持ってきていただくものはありません。気になることはありますか？
本人：別にないです。
私　：では、やってみましょう。

スタート後も本人が続けられるような仕組みの構築については、これまで、私自身が具体的に取り組むことができませんでした。新聞の求人広告を一緒に閲覧し、地域若者サポートステーションなどの機関を紹介し、ハローワークへ同行することはできても、それ以外のことは行えませんでした。結果としてその後の展開は本人の努力と運などに委ねることになり、上手くいくことは多くありませんでした。個人面接から先に進めず、集団の場に延々と通い続けるといった、ひきこもり支援の中間段階に留まり続ける人は相当数存在し、そこへの対応が今後の重要な課題として指摘されています（齊藤 2012）。

滞留化の原因としては、本人側の要因と私達側の要因があると思います。本人側の要因には、精神保健上の問題があげられます。就学、就労、職業訓練のいずれも行っていない一五～三九歳のニート対策として全国に設置された地域若者サポートステーションでは、利用者全体の三～五割弱に精神障害や発達障害の診断や疑いがあることが報告されています（宮本 2015a）。また、新規登録者の半数が滞留し、その七割に疾患や障害が疑われるものの、診断ありの者は五割に過ぎず、その中で障害者手帳の保持者は五％に過ぎなかったとの報告もされています（宮本 2015b）。

では、疾患や障害の疑いがあるから、彼らを受診に繋げれば良いのかといえば、私は違うと思います。受診に繋げれば何らかの診断を受けることはできるかもしれませんが、受診を拒む者も多く、また受診をしても、その後の障害福祉制度の利用を拒む者も多いという現状です。ハローワークで求人紹介を受ける以外に何もできないという私達の体制にも問題があり、滞留化を解決するためには診断や制度利用を前提とせず、精神保健上の問題に配慮した取り組みが求められていると思います。

私は、県が実施する「精神障害者社会適応訓練事業（以下、社適）」を活用することにしました。社適は実際の事業所内の仕事を通じた社会性や労働能力の向上を目指し、「通院患者リハビリテーション事業」として始まり、その後、名称が「精神障害者社会適応訓練事業」に変更され、精神保健福祉法に基づき、制度化されました。他の就労支援制度の充実に伴い一般財源化され、現在は精神保健福祉法からも削除されましたが、山梨県では県単事業として継続していました。

山梨県では障害保健福祉圏域に設置された保健所を窓口に、通院し、症状が安定している精神障害者を対象に、最大三年間（一年更新）の訓練期間を設定し★1、本人等の相談に応じる訪問指導者を地域の支援機関から指定し、作業中のケガ、事故には県が加入する保険が対応する形を取っていました。

既に協力事業所として登録されている事業所の中から、ひきこもりの特徴を考え、視覚的に分かりやすく、明確で、誰にでもできそうな作業内容がある農産物加工場と農産物直売所、そしてコンビニを選定しました。ただ、全ての事例で精神科通院をしているわけではありませんので、通院をしていない場合はボランティアでの作業体験をそれぞれの事業所に依頼しました。

私は、当面の間は一緒に作業に入るか、定期的に本人の作業時間に訪問するという形を取りました。定期の面接は本人が作業に入って以降もこれまでと同じ間隔で継続しました。訪問については、作業に慣れない間は私を介して分からないことを本人が事業所に対して聞けるなど、不安の軽減になるかもしれませんが、慣れてくれれば彼らのじゃまにしかならず、就職した本人のことが心配で様子を見にいく家族のようなものになってしまいます。では、どうすれば良いか？　私は訪問の主な目的を「本人の様子を確認する、本人の話を聞く」のでなく、「事業主の話を聞く」に切り換えました。本人が慣れ事業所からもだいじょうぶという判断が出た場合は、本人の作業時間はあえて外し、事業主の所に行って話をすることにしました。本人の話は定期の面接で聞くだけです。「香りを届ける」と言っているのですが、事業主と話をし、事業主が本人に「先日、芦沢さんが来ていたよ」と言ってくれることで、自分のことを気にしていると感じてもらえるのではないかと、勝手に思っています。

2　就労支援で行うこと

(1) 農産物加工場

農産物加工場では、最短で週一日二時間といったように曜日と時間を決め、地元で栽培された果樹（サクランボ、桃など）をジャムなどに加工するための下準備を行いました。

作業中は、エプロン姿にマスクをつけていますので、外から見て誰が誰かすぐには分かりません。また、目の前には処理をしなければならないたくさんの果樹があって、作業に集中しなければならず、対人緊張の強い人でも作業に入りやすい環境になっていました。、具体的な作業も同じ動作を黙々と繰り返す（サクランボの種取りなど）ので、臨機応変な対応を求められることもありません。一つのことに集中することが得意な人には適した作業と言えました。例えば、ここでは金木犀のジャムを製造していますが、そのためには金木犀の花びらを集め選別する作業が必要になります。ピンセットで枝や虫を除けていく作業は、一つのことに集中する能力が高い人には最適なものだと思います。

加工場には六名（社適利用者は一名）がボランティアとして通い、平成二七

金木犀の花びらの選別

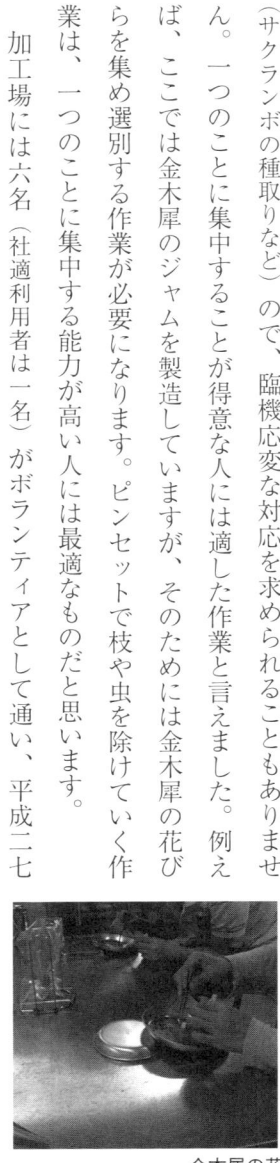

年三月末時点で六名のうち二名がアルバイト、三名が正規雇用に移行しました。雇用者が出たことで、新たに体験に来た人を雇用者が先輩として支える場面も見られました。また、商品開発を行う人も現れ、彼らの作ったジャムが国際品評会で金賞を取るというサプライズも起こりました。

(2) 支援者の言葉よりも、先輩の言葉――洋子さんの場合

洋子さん(仮名)は二〇代の女性。対人緊張と先回りの不安が強い傾向がありました。彼女は雇用された清さんと一緒に商品販売に行くことになりました。彼女は不安で一杯でした。計算を間違えたらどうしよう。失敗したらどうしよう。考えることは嫌なことばかり。彼女に「できるから、だいじょうぶ」といくら私が伝えても、彼女の不安は一向に治まりませんでした。そんな彼女が販売から帰ると、笑顔を見せています。

開口一番、「清さんって凄いですね」です。販売へと向かう車中、彼女は清さんにも計算を間違えたらどうしようと話しました。それを聞いた清さんは彼女に簡単な足し算の問題を出し、解かせました。そして、「だいじょうぶ。洋子さんはできるよ」と伝えました。彼女は問題なく販売を行い、帰ってきました。同じ言葉であっても誰が言うかが大事なのかもしれません。

(3) ひきこもり、海を渡る――哲也さんの場合

哲也さん(仮名)は三〇代の男性。高校卒業後は自宅で過ごしていました。心配した家族から連絡が

あり、私が関わることになりました。哲也さんは月に一回、私の所に来てくれました。面接時に一か月の様子を聞くと、決まって「変わりないです」と話します。「生活状況はどんな感じですか?」、「外出しましたか?」、「気になったことはありますか」……どの質問にも答えは「変わりないです」でした。変わりないかもしれないけれど、一日何をしていることが多いのかを聞いてみると、インターネットだと言います。そんな彼ですが、作業に入ると今までの生活が嘘のように動き始めました。加工するまでの手順を覚え、試作品を作るようになりました。

ある日の面接日。彼はパンを持ってきました。訳が分からず聞いてみると、「フライパンで作ってみた」との返事が返ってきました。インターネットで調べ、実際に作ってみたようです。彼はその後、職場で新商品の開発を担うようになりました。

巻頭特集
世界に認められたマーマレード
「金箔柚子茶」とつくり手の思い

金賞受賞後に地域情報誌に紹介された記事

一年後のある日、私は、早朝、新聞を読んでいました。彼らが所属する加工場が作ったジャムが国際品評会で金賞を受賞したとの記事が、大きく写真付きで掲載されていました。その後、テレビや地元の地域情報誌でも大きく取り上げられました。品評会の様子を後日確認すると、哲也さんも授賞式に参加していました。

ほとんど県外に出たことがない彼が、いきなり海外に行ったことに驚いてしまいました。

(4) 農産物直売所——久美子さんの場合

直売所では農家などから届く農産物（玉ねぎ、キャベツ等）を袋詰めし、ラベルを貼る作業を行いました。人によってはトイレや店内の清掃も行いました。加工場と同様に、最短で週一日二時間といったように曜日と時間を決め、三名（うち、社適利用者は一名）が通いました。

久美子さん（仮名）は中学生の頃に不登校となり、高校は通信制高校に進学しました。高校は卒業したものの、夜中にテレビを見て、昼過ぎに起きるという昼夜逆転の生活を続けていました。人と会うことを避け、ほとんど外出しませんでした。ただ、久美子さんは料理を作ることが好きでした。野菜の善し悪しを見分けることができました。

前述した集団支援で直売所に行く時、彼女を誘いました。当日遅れて参加し

玉ねぎの袋詰め

キャベツの袋詰め

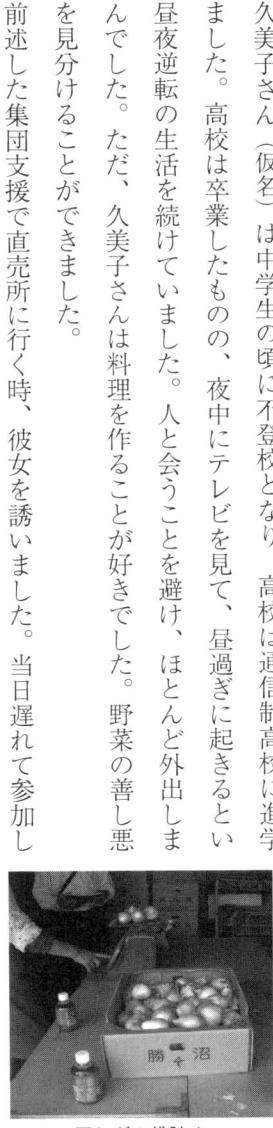

た彼女は、夏の暑い日なのに長袖の服を着てマスクをつけていました。野菜の袋詰め作業をテキパキとこなします。集団支援では様々なメニューを用意したのですが、久美子さんは直売所での作業体験のみ休まずに参加しました。

その後、集団支援とは別に、週一回二時間、一人で作業を行うようになりました。二か月後、久美子さんが作業をしている日に、集団支援の作業体験の時間を設定することにしました。彼女はマスクを外し服装は半袖になっていました。初めて作業体験に参加する人に教えながら作業する久美子さんに私は感動してしまいました。人は役割を認識した時に変わるのかもしれないと思いました。

(5) コンビニエンスストア

作業できる場所をと考えた時、新しい環境に不安を抱きやすい彼らにとっては、身近な場所が良いと思いました。彼らに日頃の外出先を聞くとほとんどがコンビニを挙げていました。意外でしたが、山梨県はコンビニが多く、調べてみると大手コンビニの人口一〇万人あたりの店舗数は全国で上位を占めていることが分かりました（平川 2014）。

そんな時、コンビニでペッドボトルの飲み物を購入しようとして、冷蔵庫の裏側で商品補充をする店員と目があった時の光景が目に浮かびました。冷蔵庫への商品補充ならば、客と顔をあわせることはまずありません。その当時、新聞には飲食店やコンビニでアルバイトが集まらず困っているという記事が掲載

ペットボトルの商品補充

されていました。コンビニにとっても、ピンポイントではあってもその作業をやってくれれば助かるのではないかと思いました。

「家でのひきこもりが問題なら、コンビニの冷蔵庫でひきこもろう！」。ひきこもり支援ならぬ「ひきこもる支援」といったコンセプトが浮かびました。ただ、実際に協力していただける店舗をどうやって探したら良いのか、私には分かりませんでした。

そんな折、旧知の精神保健福祉士から、入院中の患者さんがコンビニで万引きをしてしまい謝りにいった所、そこのオーナーが障害者に理解を示してくれ、話をすることができたという話を聞きました。

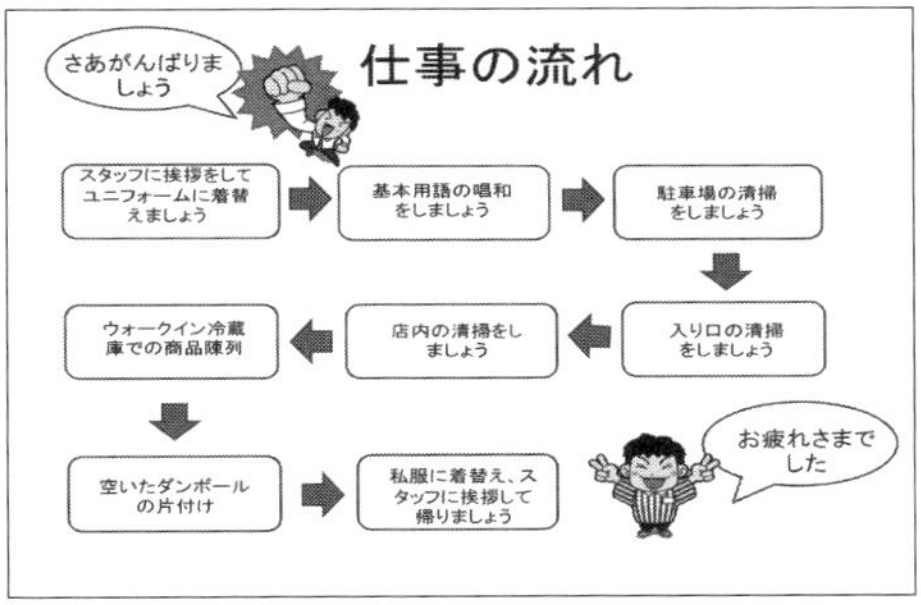

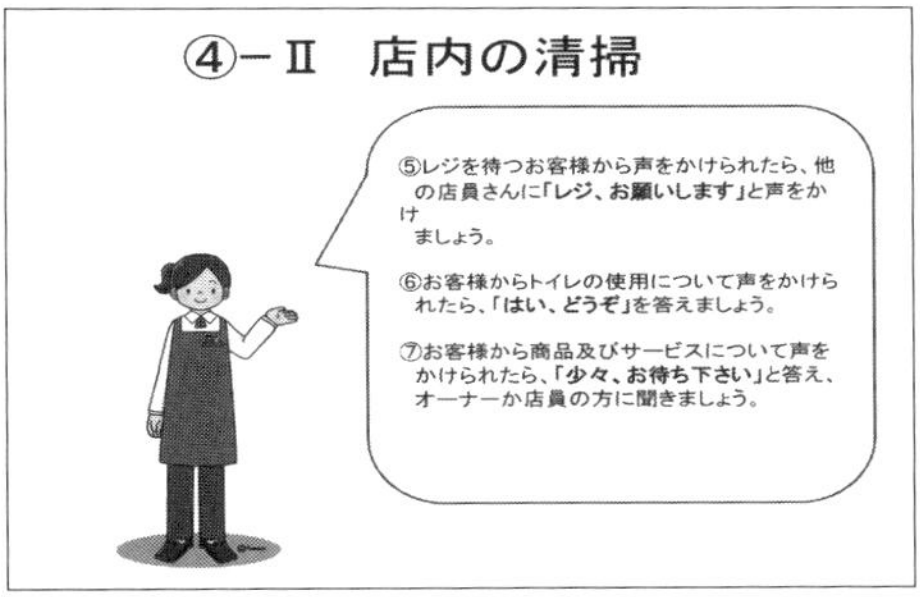

手順書

オーナーへの連絡を依頼し、直接お話に伺いました。その結果、オーナーが経営する店舗で作業ができることになりました。具体的に店舗に通うことが可能な一事例から進めることにしました。作業中のケガや事故への対応、本人の身分、作業内容、作業日数、支援体制については、以下のように整理しました。

作業中のケガや事故への対応については社適を利用。作業内容はオーナーの要望を受け、ペットボトルなどの飲料水の補充に、駐車場と店内の清掃を追加。作業日数は最短で週一日二時間とし、曜日と時間を決定。支援体制については、まず本人と共に店舗を訪ね、作業の手順を確認し、それぞれの作業に対応した写真を撮影して、その写真に作業内容の説明文を加えたものをカラー印刷し、市販のメモ帳に貼りつけた手順書を作成しました。手順書は本人と店舗にそれぞれ渡し、店舗も本人がどの作業をやっているのか、手順書を見れば分かるようにしました。そして、本人が作業に慣れるまでの間は、訪問指導者と共に交代で作業に入り、本人と店舗側からだいじょうぶとの確認ができた所で、訪問指導者の訪問のみに切り換え、経過を見守ることにしました。

一事例が安定的に作業を行うことができると、オーナーから増員や他店舗での実施についての話があり、取り組みを拡大しました。ただ、①社適は予算に限りがあり、②精神科への通院が条件となっており、通院をしていない者は利用することができないことから、予算や精神科通院の有無に左右されない形を考えました。そこで、作業中のケガや事故への対応、当事者の身分、支援体制について再度検討しました。

保険については、本人と店舗との間で訓練期間を設定し、期間中のケガなどに備え本人が個人で民間保険に加入することにしました。身分については社適利用時と同様に訓練生という形にし、作業中は胸ポケットに「訓練中」のプレートを付けて作業を行いました。支援は予算の有無に左右されない保健所と市町村に依頼することにしました。

結果として、作業が行える店舗は七店舗まで拡大しました。活動を進めた二年間でコンビニには一〇名（三名が社適利用者）が通い、平成二七年三月時点で訓練を終了した者は七名になり、二名がコンビニ以外の仕事で正規雇用され（一名は障害者雇用）、一名はコンビニ以外の仕事でアルバイト、四名はコンビニでアルバイトに移行しました。

（6）「別にないです」でもいいみたい――武さんの場合

武さん（仮名）は三〇代の男性。高校卒業後、就職活動をしますが、上手くいかず、なかなか就職できませんでした。七年前から相談機関に通うようになり、私が前任者から引き継ぎ、担当になりました。前任者の時と同様に、武さんは月に一度、定期的に面接に来てくれました。面接時、一か月間の様子を聞くと、彼は「変わりないです」と答え、何かしたいことがあるかと聞くと、「別にないです」と答えていました。何を聞いても、「別にないです」と答えられ、困った私は、一週間の生活状況を細かく聞くことにしました。そうすると、日曜日と日曜日以外での武さんの過ごし方が違っていました。日曜日の七時三〇分から一時間、必ずテレビを見ていました。何を見ているのかと聞いてみると、「戦隊ヒーロー」と「仮面ライダー」でした。さらに聞いてみると、「別にないです」とは答えず、饒舌に話し始めました。

武さんとの距離を近づけるべく、日曜日に彼が見ている番組を見ることにしました。翌月の面接時、番組を見たことを伝え、「戦隊ヒーローはこれまでたくさん作られてきたと思いますが、どれが一番好きですか？」と聞いてみました。武さんは「戦隊ヒーロー」が好きなのだと思っていました。でも、返ってきた答えは「どれが好きということはないです。僕は中に入っている人に興味があります」でした。予想外の返事に「え？」「は？」と戸惑っている私に、彼は「今、やっている戦隊のレッドに入っている人は、以前○○戦隊のブルーをやっていました」と言います。

「それはどこで分かるんですか？」と聞くと、「アクションの時の、足の上げ方で分かります。他の人はここまでしか上がらないけど、あの人はここまで上がるんです」と答えました。「え？　ああ、そう……どの辺りが面白いですか？」と聞くと、「番組の最後に出演者の名前が流れます。それを見ていると、昔レッドだった人が監督になっていたりするんです。偉くなったなと思う」と予想外な答えが返ってきました。

武さんは「戦隊ヒーロー」や「仮面ライダー」については饒舌に答えますが、それ以外の質問には「別にないです」と答える状況はその後も続きました。今後、どう進めていけば良いのかと私は悩んでしまいました。でも、考えてみると、彼はやりたいことも、やりたくないことも別にないのであり、どんなものでも場を設定すればやってもよいということになるのかもしれないと思いました。その時、彼が通える距離にあるコンビニで、ボランティアではありますが、作業体験ができることになったことを思い出しました。そのことを伝え、「やってみない？」と聞くと、答えは「別にいいです」でした。

コンビニに連絡を入れ、早速武さんと一緒に挨拶にいきました。その結果、翌週からコンビニでの作業体験を始めることになりました。週二日午前中の二時間。体験するのは清掃と商品（ペットボトル、菓子など）の補充です。どうなるかと心配する私をよそに武さんは週二日、一日二時間の作業を行いました。三か月間続けた所、オーナーからアルバイトへの移行の話が出ることになりました。私はオーナーが彼に話す場に呼ばれました。「武さん、来週からアルバイトという形を取りたいと思います。一緒に頑張りましょう」と伝えられ、彼が返した返事は「別にいいです」でした。

アルバイトになったものの、本当にできるのか心配だった私は武さんが仕事に入っている時間に店舗に寄ることにしました。彼がレジに立っていました。私は嬉しくなり、パンとペットボトルのお茶をカゴに入れ、レジの列に並びました。私の番になり、武さんが私に気づきました。「芦沢さん。元気にやっています。大丈夫です」といった、私が言われたら嬉しくなるような言葉を想像していましたが、ウキウキして待つ私に彼が言った言葉は「五〇七円になります」でした。その後は週五日のアルバイト勤務となり、コンビニにとってはなくてはならない戦力になりました。

武さんの頑張りがあり、オーナーからは経営している他の店舗にも来てほしいという話をいただくようになりました。武さんと同じようにコンビニで作業をする本人が増えたことを受け、まだ作業を体験していない本人と家族を対象にした勉強会を開くことにしました。

勉強会の講師として武さんに来てもらい、作業内容や作業で大変なこと、良かったことなどを話してもらいました。私は「来週からアルバイトといわれ、その時どう思いましたか?」と気になっていたことを聞いてみました。彼の答えは、「ボランティアの時は、僕以外に二人のアルバイトさんがいました。僕がアルバイトになったら一人はいなくなるだろうなと思いました。でも、やってみて、できるかなと思ったので、別にいいですと答えました」でした。大事なことは聞いてみないと分からないものです。

(7) 緘黙でもいいみたい――明子さんの場合

明子さん(仮名)は三〇代の女性。大学卒業後に就職活動をするものの、人と話すことができず、就職が決まらず、在宅生活を続けていました。このままの状況が続くことを心配した母親からの連絡を受け、私が関わるようになりました。

明子さんは私と初めて会った時、何も話しませんでした。母親に話を聞くと、自宅でも話をしないとのことでした。母親が代わりにこれまでの経過について話してくれました。

定期的に本人、母親との同席面接を続けた所、母親から、明子さんが単独で外出しハローワークに出かけたとの話がありました。何か本人が関心を持てる仕事があれば、動くかもしれないと思いました。そこで、本人の自宅近くのコンビニを見つけ、既に協力をいただいている他店舗での様子を伝え、明子さんの短時間の訓練について交渉しました。

店舗からは作業中の事故が心配という話がありました。その当時、まだ個人加入の民間保険については保険会社と話ができていませんでしたので、どうしたらよいかと考えていました。そんな中、店舗から短時間のアルバイトとして受け入れるという連絡がありました。

週三日、一日三時間。作業内容は商品（ペットボトルなど）の補充と揚げ物を揚げるというものでしたが、特に問題なく行い、一緒の時間に入る店員には笑顔を見せていました。

明子さんは順調に作業を続けましたが、通っている店舗が急きょ閉店になることが決まりました。オーナーから、店舗が閉店になること、今来ている人達は他の店舗に紹介することを明子さんに伝えたいので同席してほしいとの連絡が入りました。同席した場で閉店と他店舗への紹介について話がありました。何か確認したいことはありますかと聞かれた明子さんの返事は、「私の身分はなんですか」でした。この時、私は初めて明子さんの声を聞きました。

その後、店舗は変わり、明子さんも慣れていき、日数は週四日に増えていきました。

（8）牧場と農園

農産物加工場、直売所、コンビニ以外には牧場、農園などがあります。牧場では馬房（馬小屋）の清掃、馬の手入れなどを行いました。牧場は市街地から離れた静かな場所にあり、一緒に作業する職員も少なく、対人関係を気にする心配が少ない環境です。作業内容は馬房に敷き詰められた藁を入れ替えるなどの単純作業。自分よりも弱い存在である馬のためには、自分が牧場へ行き作業をしなければなりません。「自分が行かないと馬が心配」。自分のことではなかなか動けなくても、馬のことを考えて日頃の

牧場と農園

昼夜逆転の生活を改め、通い出す人もいます。

農園では、ワイン用葡萄の手入れなどを行いました。山梨県は葡萄の収穫量が全国でも多く、食用の葡萄以外にワイナリーに卸すワイン用の葡萄を栽培している農園もあります。通常、葡萄園というと、多くは高い支柱を立てて葡萄棚を作って枝を這わせますが、イタリアでは幹に短い支柱を立て垂直に育てていく方式が取られています。協力をいただいた事業所ではこの方式が取られていて、入り組んだ枝を垂直に戻す作業を行いました。農園も牧場と同様、作業中に関わる人は予め限られており、それ以外の人と関わることはありません。住宅地や工場地と離れた静かな環境で作業に集中することができるため、彼らには適した環境だと思います。

4　本人が続けることをやめたいと言う時——正夫さんの場合

もちろん、全ての人が順調に作業を続けられるわけではありません。作業を体験し、やめたいと話す人、作業体験を経て就職できたものの、その後やめたいと言う人もいます。やめたいと本人が言ってくる場合には、本人、事業主との間で折り合うことが可能か話をしますが、それでもやめたいということであれば、無理強いはしないことにしています。

これまで何をしたら良いか決められずにきた本人が、作業をやめることを決めることができた、そのことが素晴らしいと思います。もちろん「もう少し頑張れば、上手くいくかもしれない。世の中良いことばかりではない。がまんをし、努力することで見えてくる景色がある」といったように本人を説得したい気持ちにはなります。ですが、私は彼らにそれを言うだけの根拠を持っていません。無理をしてやはりダメだった場合、彼らが違う作業でも、もう一度しようと思ってくれる保証はありません。大事なことは彼らの気持ちを継続させることであり、無理をして続けさせ、その後の芽を潰すことではありません。やめたとしても、次のことを一緒に考えられるようにしていくことが大事だと思います。

正夫さん（仮名）は二〇代の男性。学生時代には不登校経験がありましたが、高校はどうにか卒業しました。高校卒業後、仕事に就くための行動（ハローワークにいくなど）ができず、在宅生活を続けていました。このままの状態が続くことを心配した母親からの連絡を受け、私が関わることになりました。正夫さんは自分自身が決めた日課を毎日こなしていました。決まった時間に新聞を見て、決まった時間にゲームをやり、決まった時間に寝ていました。ある意味、規則正しい生活です。ただ、それ以外のことを自分の日課に入れることがなかなかできず、同じ生活を繰り返していました。

同じ生活を送ることは良いとは思わないものの、本人には安心があります。逆に、仕事をして収入を得ることは良いとは思うものの、本人には不安しかありません。正夫さんは母親の促しを受け、私の所に来てくれました。月に一度、定期的に面接を続けました。彼は仕事をすることの不安と、仕事をせずに今の生活を続けることとの安心との間で気持ちがいったりきたりしていて、その状況にイライラしていると話していました。

「先のことはあるかもしれないけど、まずは協力を得られた事業所の見学をし、一緒に体験してみよう。一度やって嫌であればそれで良い」と伝え、一緒に事業所に行きました。一緒に作業をし、その結果を聞くと、返事は「まあまあ」でした。それならしばらく一緒に行ってみようということで作業を続けました。時期を同じくして、一年間という期間の定めはあるものの、事業所から求人が出るとの話がありました。正夫さんは、体験中、事業所から求められる作業ができていたので、事業主から雇用について声をかけられました。これまでの経過から彼は断ると思っていましたが、正夫さんの答えは「お願いします」でした。理由を聞くと、「断るのも面倒くさいので、そう答えました」と話してくれました。

正夫さんは雇用され、これまでの生活が嘘のように行動しました。週五日の勤務で、無遅刻、無欠勤。

これまでルーティンに行っていた日課は、仕事が忙しいという理由から、行わなくなりました。仕事中は笑顔を見せ、給料で自分の好きなものを買う行動も見られました。

そのような生活が一〇か月続いたそんなある日、正夫さんは事業主や職場の同僚との会話が発端となり、仕事を休むようになりました。事業主や同僚に言われたことに執着し、仕事をやめたいと話すようになりました。事業主、同僚、私などが話を聞き、話を修正しようと試みても、彼の考えは変わりませんでした。私は「やめたいと決めたのであれば、真剣にやめよう。その上で次について一緒に考えよう」と伝え、一緒に事業主と話をし、無事に退職することができました。大事なことは、やめるか、やめないかではなく、彼らが自分で決めたか、その上で行動が次に続くか否かのように私は思います。

■注
1　要綱改定に伴い、平成二八年度より期間は最大二年間（半年更新）に変更となっています。

■参考文献
芦沢茂喜 2016「集団支援段階以降のコンビニを活用したひきこもり事例への支援」『ソーシャルワーク研究』42（3）：50-55
——— 2017「集団支援段階以降のひきこもり事例への支援」『医療社会福祉研究』25：55-61
芦沢茂喜・小石誠二 2017「ひきこもりケースへの県立精神保健福祉センターにおける就労支援の取り組みの報告」『思春期青年期精神医学』27（1）：74-80

平川克美 2014『路地裏の資本主義』ＫＡＤＯＫＡＷＡ
――― 2018『21世紀の楕円幻想論――その日暮らしの哲学』ミシマ社
石川拓治 2008『奇跡のリンゴ――「絶対不可能」を覆した農家・木村秋則の記録』幻冬舎
木下斉 2015『稼ぐまちが地方を変える――誰も言わなかった一〇の鉄則』ＮＨＫ出版
貴戸理恵 2017「『自己』が生まれる場――「生きづらさ」をめぐる自助活動としての居場所と当事者研究」『現代思想』45（15）：214-229
齊藤万比古 2012「ひきこもり評価・支援に関するガイドラインの概要」齊藤万比古編著『ひきこもりに出会ったら――こころの医療と支援』中外医学社：17-38
指出一正 2016『ぼくらは地方で幸せを見つける――ソトコト流ローカル再生論』ポプラ社
生活協同組合コープ東京・社会福祉法人ＪＨＣ板橋会 2010『精神障害者の〈働きたい〉をかなえる――福祉・企業・行政によるコラボレーション』エンパワメント研究所
筒井美紀・櫻井純理・本田由紀編著 2014『就労支援を問い直す――自治体と地域の取り組み』勁草書房
宮本みち子 2015a「若者無業者と地域若者サポートステーション事業」『季刊・社会保障研究』51：18-28
――― 2015b「移行期の若者たちのいま」宮本みち子編『すべての若者が生きられる未来を』岩波書店：1-32
水野学 2016『「売る」から「売れる」へ――水野学のブランディングデザイン講座』誠文堂新光社
向谷地生良 2010『べてるな人びと　第２集』一麦出版社
渡邉格 2013『田舎のパン屋が見つけた「腐る経済」』講談社
鷲田清一 2013『パラレルな知性』晶文社
山口絵理子 2007『裸でも生きる――二五歳女性起業家の号泣戦記』講談社
――― 2009『裸でも生きる２――Keep Walking 私は歩き続ける』講談社
――― 2011『自分思考』講談社
――― 2016『輝ける場所を探して　裸でも生きる３――ダッカからジョグジャ、そしてコロンボへ』講談社

山崎亮 2011『コミュニティデザイン――人がつながるしくみをつくる』学芸出版社
―――― 2012『コミュニティデザインの時代』中央公論新社
―――― 2015『ふるさとを元気にする仕事』筑摩書房
―――― 2016『縮充する日本――「参加」が造りだす人口減少社会の希望』ＰＨＰ研究所
横石知二 2007『そうだ、葉っぱを売ろう！――過疎の町、どん底からの再生』ソフトバンククリエイティブ株式会社

一〇代のひきこもりとの出会い　待ってみよう！

「せっかちは、息せききって現在を駆り、未来に向けて深い前傾姿勢をとっているようにみえて、じつは未来を視野に入れていない。未来というものの訪れを待ち受けるということがなく、いったん決めたものの枠内で一刻も早くその決着を見ようとする。待つというより迎えにゆくのだが、迎えようとしているのは未来ではない。ちょっと前に決めたことの結末である。決めたときに視野になかったものは、最後まで視野に入らない。頑なであり、不寛容である。やりなおしとか修正を頑なに認めない。結果が出なければ、すぐに別のこと、別のやり方で、というわけだ。待つことは法外にむずかしくなった。「待たない社会」、そして「待てない社会」。意のままにならないもの、どうしようもないもの、じっとしているしかないもの、そういうものへの感受性をわたしたちはいつか無くしたのだろうか。偶然を待つ、じぶんを超えたものにつきしたがうという心根をいつか喪ったのだろうか。時が満ちる、機が熟すのを待つ、それはもうわたしたちにはあたわぬことなのか……。」（鷲田清一 2006：9-10）

1　はじめに

前章までは、主に二〇～三〇代のひきこもり事例について、家族支援、個人支援、集団支援、就労支援の順に、私が具体的に行っていることについて、事例を交え、お話をしてきました。本章では一〇代の事例について取り上げたいと思います。

子どもを妊娠した場合、親は市町村から母子手帳を交付されます。子どもが一歳六か月、三歳等になれば、定期的に市町村の保健センターを訪れ、健康診断を受け、育児上の悩みなどを保健師などに相談することができます。最近では発達障害の早期発見が盛んに言われ、健康診断等を通してスクリーニングが行われ、必要であれば、受診を促されます。市町村にとって、この時期の対応は重視されており、予算や人員が多く充てられています。

ただ、子どもの小学校入学と同時に状況は変わります。小中学校の学童期は、市町村からそれぞれの学校、教育委員会に支援の主体が移されます。市町村は健康診断や乳幼児への対応に人員を割くことから、学齢期に十分な対応を取ることが難しくなります。「子育て支援課」なども医療費や教育費の助成が主な仕事であり、相談に応じる人員も少なく、市町村にとって、学童期は学校の問題として切り離されている印象すらあります。

健康診断等を通じて指摘された発達障害などの課題が、学童期に移ることで解決されることはありません。不登校を主訴にした相談を受けると、乳幼児期の健康診断等で指摘されたことはあったものの、その後の支援を受けていない事例に多く出会います。

小中学校は義務教育のため、退学はありません。適切ではないかもしれませんが、義務教育の間は問題が発生しても、「児童、生徒」というラベルが貼られ、それぞれの学校、教育委員会の問題とされます。問題は解決されないまま、月日は流れ、中学校を卒業する段階で支援の主体が再び市町村に移されます。中学校卒業後に高校に進学することができれば、「高校生」というラベルが貼られ、教育の問題に戻されます。ですが、退学や無事に卒業できてもその後に就職できなければ、自己責任が求められ、ラベルのない対象者となり、対応する機関を探すことが難しくなります（山登 2014）。

私が関わる事例の中でも不登校経験のある者は多く、不登校時の自分自身と周りの対応との間のズレをその後も引きずっていて、不登校時に十分な対応がなされていれば、その後問題を引きずらずに済んだかもしれない事例も多いように感じます。

対応として、二〇〜三〇代に比べ、本人を取り巻く環境、具体的には家庭、学校への対応に多くの時間を割くことはありますが、本人への対応に大きな違いはありません。私は「待つ」ということを意識して関わっています。「待つ」という言葉を使うと、不登校は本人が選択しているので、様子を見ていれば良いと受け取られることがあります。前述のとおり、選択には複数の選択肢が提示されている必要があり、学校に行くか、行かないかの二者択一しかない状況で、「選択した」というのは無理があるように思います。「選択した」のではなく、「選択せざるを得なかった」のかもしれず、それを選択という言葉で表現することには違和感があります。

「待つ」ことは当然、放置することではありません。家族に「何か動きがあった時に連絡を下さい」と言い、家族から連絡がくるまで待機していることでもありません。「待つ」とは私がタイミングを待つことであり、本人の傍らにいて、タイミングが来た時に動くということだと思います。

道具としては、ゲーム機やマンガを使用することが多くなります。どちらかと言えば幼い内容のものが多く、ゲームであればプレイステーション4よりもスイッチのソフト、具体的にはマリオ関連のソフトや「ゼルダの伝説 BREATH OF THE WILD」などを使います。また、マンガであれば成人コミックではなく、少年コミックを好む傾向があり、前述の『文豪ストレイドックス』以外に、人気ゲームの公式コミック『スプラトゥーン』、山梨県が舞台になっている『ゆるキャン△』、『約束のネバーランド』、『暗殺教室』、『ハイキュー!!』、『Re：ゼロから始める異世界生活』などになります。

以下、一〇代の「ひきこもり」を、①小・中学校の不登校、②高校の不登校、③高校中退、卒業後から二〇歳までの「ひきこもり」に分けて、話していきたいと思います。

2 小・中学校の不登校

義務教育の間は学校の役割が大きくなります。学校が全てであり、学校に適応できなければ全てを失うため、この年代では学校に行くことが親や社会にとって最優先事項となります。不登校が生じた場合、まずは学校に対応が求められます。ただ、学校の対応には限界があります。人員、時間の問題と共に、そもそも問題の発生源となっている学校が自助努力で対応できるのかという問題もあります。では、学校以外の機関であればどうかといえば、児童相談所は不登校の相談まで手が回らず、近年配置されるようになったスクールソーシャルワーカーは勤務日数が限られている場合も多く、十分な対応ができない現状があります。市町村は、健康診断に人員を割いていて、学童期は医療費等の助成が主であり、こちらも十分に相談に応じることができず、結果として私の所にもこの年代の相談が来ます。

ただ、私の所に来る相談は、単に不登校のみが生じている事例は多くありません。物を壊すなどの本人の衝動的な言動や、親からのネグレクトなどの虐待行為が疑われ、関係機関が関わろうとするものの、親に精神的に不安定な所が認められる事例が多く、「困難事例」として連絡が入ります。私自身は「困難事例」という言葉が好きではありません。「困難事例」という事例はなく、あるのは「支援をする人が困難に感じている事例」だと思います。困難事例については、①発生源が本人の側に帰属する「個人的要因」、②発生源が本人を取り巻く社会の側及び本人をめぐる関係性に帰属する「社会的要因」、③援助者による「不適切な対応」の三つの発生要因が重なる所に発生すると指摘されています（岩間 2014）。例えば、「個人的要因」と「社会的要因」が重なったものとしては、以下のような事例があげられます。

(1) 正広くんの場合

正広くん（仮名）は小学校六年生。両親との三人暮らし。これまで問題なく通学していましたが、仲の良かった友達とケンカをしました。仲裁に入った担任の対応が気に入らず、学校に行かなくなりました。心配する両親が声をかけると、壁に物を投げ、両親に向かって手をあげようとするため、両親が対応に困り、学校に相談しました。ただ、事の発端が担任との関係であったため、学校が本人に関わることができず、困った家族が市役所に相談した所、対応に困った市役所から私に連絡が入りました。

私は両親とお会いすることにしました。両親は本人が暴れた時の対応について、どうしたら良いかと聞いてきます。これまでは、暴れれば両親が抱きつき本人を押さえるものの、なかなか本人は落ち着きませんでした。落ち着かないのでより強く押さえ、結局お互いが疲れ、落ち着くということを繰り返していました。私は両親に、「Nintendo Switch（スイッチ）を持ち歩いて訪問先でゲームをしているおじさんと会ってくれるか、聞いてほしい」と伝えました。両親との面接の二日後、「本人が会っても良いといっている」との連絡が入りました。スイッチの本体が発売されて二週間ほどしか経っていない時期だったので、本人も「やりたい」と話したとのことでした。

訪問初日、彼は両親と共に出迎えてくれました。学校については「担任が許せない。担任が変わらないかぎり行かない」と話していました。私は彼とスイッチでゲームをし、次回以降の予定について確認しました。彼は「週一回、来ていいよ」と話してくれました。

学校には行かないものの、週一回の決まった曜日、時間に正広くんは出迎えてくれました。訪問当初は両親も同席していましたが、回数を重ねていく中、正広くんだけと会うようになりました。そんなある日、彼の友達が私の訪問時に訪ねてきました。両親が不在だったため、正広くんが玄関へいき応対しました。当然ですが、玄関には私の靴が置いてありました。

友　達：誰か来ているの？
正広くん：大人
友　達：大人って誰？
正広くん：友達

友達が帰った後、両親が外出から帰ってきたので、正広くんと友達との会話について話をしました。両親からは、「なんか、正広は芦沢さんのことを友達だと思っているみたいです」と言います。私は訪問時に学校のことを聞きませんでした。何か気になることがあるかどうかを聞き、正広くんが学校のことを話せば聞きますが、それ以外にこちらから聞くことはあえてしませんでした。ゲームとマンガを持ってくるおじさん。彼にとっては、家族でも親戚でもない、学校の先生でもなければ、学校のことを聞いてもこない大人。「大人の友達」としかあてはまるカテゴリーがなかったのだと思います。
訪問を続ける中、正広くんから学校が気になるという話が聞かれるようになりました。彼は修学旅行が気になっていました。修学旅行の話し合いをする当日、正広くんは通学しました。話し合いに参加し、それ以降も学校に通い続けました。「担任が変わらないと行かない」と話していましたが、担任は変わっていません。担任は嫌だけど、旅行にはいきたい。その葛藤の中で、本人が折り合った結果なのだと思いました。

私の訪問は、正広くんが再登校した後も継続しました。修学旅行から彼が帰ってきた三日後、いつも通り訪問に行きました。出迎えてくれた彼は「芦沢さん、これあげる」とボールペンを差し出しました。ボールペンには、静岡県の非公認キャラクターが描かれていました（旅行先は東京都）。どこで買ってくれたのかと聞くと、「泊まった旅館で買った」という返事でした。ボールペンは私と彼との友達の証になりました。

不登校になったことには理由があります。はっきりした理由がない場合は、はっきりした理由がないという理由があります。いじめなど、理由がはっきりしている場合はそれへの対応が必要になります。ただ、彼らが再登校するためには再登校するための理由が必要になります。正広くんにとっては、それが修学旅行だったのであり、自分自身との間で折り合いがつく、再登校するための理由を見つけることができるかどうかが重要だと、私は思います。

次に、「社会的要因」と援助者による「不適切な対応」が重なる事例としては、以下のようなものがあります。

(2) 泰くんの場合

泰くん（仮名）は中学二年生。母と弟との三人暮らし。両親は離婚。母親は精神的に不安定な所があり、レジのパートなどで勤めるものの長く続かず、母方の祖父母からの金銭的な支援を受けていました。

中学二年の夏休み明けに泰くんは学校を休むようになりました。学校を休む理由を本人が言わず、母親や学校は分かりませんでした。母親は不安になり、学校へ頻回に電話を入れるようになりました。母親が不安になれば家事などができず、結果として本人に影響を与える状況が見られたことから、担任は母親に自分の携帯電話番号を教えて、不安な時は連絡してほしいと伝えました。番号を伝えて以降、土日夜間を問わず、担任の携帯に連絡が入るようになりました。当然、担任には担任の生活があり、母親の電話を取れないこともありました。翌日の電話でそのことを母親から責められるようになりました。担任の状況を知った学校長が市役所に相談したものの、相談を受けた市役所が対応に困り、私の所に連絡が入りました。

「困難事例」という場合、何が困難かを明らかにする必要があります。泰くんの事例では、母親が困り、母親から話をされた担任が困り、担任から話をされた学校長が困り、学校長から話をされた市役所が困っていました。本来、困っているはずの泰くんの困り事は分からないまま、不安定な母親に周りは困っていて、落ち着かない母親をどう落ち着かせるかに話の焦点が移行していました。「困難事例」を検討する場合派手なエピソードに目を奪われてしまいますが、スタートラインを確認し元に戻すことが必要になります。相談者のことをクライエントと言いますが、この事例では泰くんがクライエントであり、①泰くんに対応する担当を決める、②その上で母親が相談したい場合は泰くんの担当ではない者が担当する、③参加者や開催方法などを検討する必要はあるものの、関係者で現状を確認する機会を設ける、ことになりました。

3 高校での不登校

高校での不登校は、小・中学校からの不登校が延長している場合と小・中学校は問題なく通えたものの、高校に入り不登校になった場合があります。

小・中学校からの不登校が延長している事例として、以下のようなものがありました。

(1) 孝太くんの場合

孝太くん(仮名)は一五歳の男性。母と弟の三人暮らし。中学校二年時から不登校となり、三年時の二者面談の際に母親が担任から私の所属する機関を紹介されました。母親から連絡をもらい私が関わることになりました。

母親は孝太くんが五年生の時に離婚し、その後は二人の子どもを必死に育ててきました。不登校になった原因を自分が孝太くんに手をかけてあげられなかったからだと話し、自分を責めていました。私は「お母さんの責任ではない。お母さんがいたからこそ孝太くんはここまで来ることができたのであり、今は歯車が上手く回っていないのだと思います。次回の相談日の前日、孝太くんに、お母さんは芦沢さんという人に相談した。明日、また芦沢さんの所に行く。芦沢さんが孝太に会いたいと言っていた。話はしなくて良い。芦沢さんが一緒にゲームをしようと言っていたとだけ伝えて下さい」と話しました。

相談日当日、孝太くんは現れました。まずは、二人一緒に部屋に入ってもらい、彼に来てくれたことに対するお礼を言い、今後の進め方について話をしました。その後、母親には待合室で待ってもらい、ゲームのセッティングをして彼にコントローラーを渡しました。それまで孝太くんは下を向いていましたが、コントローラーを持つと正面を向き、真剣な表情でゲームを始めました。ゲームに集中していると私の視線が気にならなくなるのか、自分から話し始めました。「学校に行かない理由は特にない。勉強は嫌い。でも、母さんが学校に行かないと悲しむ。どうして良いか分からない」と言います。

孝太くんとは相談を継続しました。その後、少ないながらも、数日学校に行くことができました。でも、孝太くんは中学校三年生で、進路を決めなければなりません。進路については、「どっちでも良い」と言います。母親は「高校ぐらいは行ってほしい」と話しました。成績と中学校に通学できていない状況から、母親が担任に相談し、通信制高校を探してきました。最近ではタブレット端末のみで卒業できる高校や、通信制を始める私立高校も増えたように思います。母親は担任から紹介された複数の高校に連絡を入れ、資料を取り寄せ見学をしました。その中から一校を選び、孝太くんを受験させました。彼は母親の選んだ高校に通うことになりました。入学式に出席し初めの数日はスクーリングに通いましたが、その後また通わなくなりました。

小・中学校で不登校があっても、多くの親は高校進学を望みます。環境が変わるので、それをキッカケに本人も変わるのではないかとの期待が親にはあるように思います。ただ、高校への進学後、孝太くんのように入学式と最初の数日は通えてもそれ以降通えなくなる場合も多いように感じます。このような現状に対して「とりあえず学校教育機関に居場所を確保するルートだけでは、不登校や中退問題の解決にはならない。学ぶ目的があいまいなままの進学で再び問題が生じていることを軽視できない」（宮本 2015）という指摘があります。

次に、小・中学校は問題なく通えたものの、高校に入り不登校になった事例を紹介します。

（2）正司さんの場合

正司さん（仮名）は高校二年の男性。中学時代は勉強ができ高校は進学校に進みました。高校では周りが成績が良い生徒ばかりで、自分が想像していたよりも成績が伸びず自信を失うようになりました。二年に進級後も成績は上がりませんでした。努力しても成績が上がらないため、段々と勉強しなくなり、学校を休むようになりました。学校を休み、勉強しなければ成績は下がり、成績が下がれば学校にいく動機は薄くなり、また学校を休む日数が増えるという悪循環が続いていました。母親から連絡を受け関わることになりました。母親から私のことを本人に話してもらい、正司さんと会うことができました。彼は「勉強する理由が分からない。机に座り、テキストを広げ読むものの、全然頭の中に入ってこない」と話しました。会ったのが夏休み期間中で、比較的正司さんに時間の余裕があったことから、週一回、彼が気になっている場所に一緒に外出することにしました。

中華料理店、定食屋、美術館など様々な所に行きました。正司さんはある時、「エスプレッソが飲みたい。日頃、コーヒーを飲むことはあまりない。ただ、エスプレッソは苦いと聞くけど、どのくらい苦いのかが分からない。だから、試してみたい」と話しました。そこで、一緒に喫茶店にいきエスプレッソを飲むことにしました。彼は出されてきたエスプレッソの量の少なさとその苦さに驚いていました。

それから三か月の間、正司さんとなかなか面接の機会を持つことができませんでしたが、母親から「先日、正司の部屋からコーヒーのにおいがしました。本人に聞いたら、コーヒーは匂い消しになるから、豆を買ったと言っていました。それから数日して、ネットで安く売っていたミルを買いました。ゴリゴリ音がするので何をしているのかと見たら、ミルで豆を挽きお湯出しでコーヒーを淹れて飲んでいました」との話がありました。

以前、彼が酸味は嫌いで苦みの強いものが好きと話していたことを思い出し、私が用意した苦みが強いコーヒー豆を渡してもらうことにしました。渡した二日後、正司さんからメールが届きました。「豆を見た時に、酸味があるのではないかと思ってビクビクしましたが、淹れてみたら酸味はなく苦みが強く、それに味にコクと深みがありました」と書かれていました。私は彼の表現力に感心しました。

その後、正司さんとは学校の休みなどを利用して会う機会を持ち、コーヒー学のテキストを読み、家庭用電動焙煎機を使い、生豆を焙煎し、焙煎したての豆を挽いて、ドリップして一緒にコーヒーを飲みました。成績が上がらないという問題は解決していませんが、学校は休まずに通学するようになりました。

不登校事例の支援をしていると、当然のことですが、再登校ができたか、できなければ再登校に向けた動きをしたかどうかが注目されます。ただ、周りが再登校に注目すればするほど、彼らは登校しないように思います。私の経験では、再登校に触れない方が再登校しているように感じます。学校、勉強から目線を外し、距離を取る。あえて、学校、勉強以外の選択肢を探す。探すことができなくても、本人が探す過程を付きあう誰かがいるかどうかが大事だと思います。

4　高校中退、高校卒業後から二〇歳までの「ひきこもり」

文部科学省「児童生徒の問題行動等生徒指導上の諸問題に関する調査」によれば、高校中退者数は、二〇一五年度は約四万九〇〇〇人、中退率は一・四％と報告されています。また、高校中退者に、高校卒業後に進学せずに無業または安定した職に就かない者を含めた数が、全体の二割強から三割に達することが指摘されています（宮本 2011）。この全てではないにしても、少なくない割合でひきこもり事例が存在していることが推測されます。高校中退の事例としては、以下のような事例と出会いました。

（1）加奈子さんの場合

加奈子さん（仮名）は一六歳の女性。単身赴任をしている父、母、弟との四人暮らし。中学生の時に不登校の時期があったものの、成績は問題なく、全日制の高校に進学しました。高校入学後、しばらくは通学をしていましたが、その後不登校になりました。当初、母親は彼女の不登校に気づきませんでした。朝、制服を着て、家を出ていたため、学校に行っていると思っていました。母親の出勤時間過ぎに自宅に戻り、部屋で過ごしていました。通学しないため学校が母親に連絡し、不登校が分かりました。

学校は話し合いの機会を持つことを提案しましたが、加奈子さんは拒否しました。学校からはその後も連絡が入りましたが、拒否し続けました。当初、母親は彼女を説得しましたが、学校からの連絡が「この状態が続けば、出席日数が足りず、進級できない」といった話ばかりで、加奈子さんのことを心配する発言がないことに不信感を抱くようになりました。

そんな中、私が所属する機関のホームページを母親が見て、連絡が入り、関わることになりました。私は母親から話を聞きました。「父親が単身赴任中のため、私が子どもの面倒を見る責任がある。何で本人が学校へ行かないのかは分からない。本人に聞いても、話さない。今回のことで、最初はあの子に学校に行くように話していました。でも、学校からの連絡は事務的で、あの子のことを心配しているようには感じられませんでした。あの子のような子はたくさんいるのかもしれませんが、あのような対応をする学校であれば、行きたくないと思うのも仕方がないかなとも思いました。でも、このままでは困ります」と母親は話しました。

母親から私のことを話してもらい、次の面接から加奈子さんも来るようになりました。母親とは別の日に時間を取り話を聞くことにしました。加奈子さんは「学校に行かない理由は特にない。行く理由も特にない。学校には私と同じような子は他にもいる」と話しました。

それから三週間後、母親から連絡が入りました。①母が仕事でいない時間帯に、担任が自宅へ電話をし、電話に出た加奈子さんに、「何で学校に来ない。このまま学校に来なければ進級できない。進級できなければ良い人生を送れない」と話してきた、②本人は担任の言い方に反発し、それを聞いた母も怒り、高校へ連絡した所、自分達の非を認めず、正当化するような発言を繰り返した、③この学校にいても本人のためにならないから、本人と話をし、中退することにした、ということです。

中退後も、私との相談は継続しました。加奈子さんは、自分のお金は自分で稼いだ方が良いと思い、アルバイトをしました。ですが、長く続きませんでした。彼女は人から頼まれると断ることができませんでした。上司や同僚から言われると拒否できませんでした。自分の気持ちを押し込め、相手に合わせようとして無理をしていました。ですが、私は、加奈子さんは相手の気持ちを考えることができる優しい性格の持ち主のように感じていました。

加奈子さんは「アルバイトを経験したことで、自分の性格が分かった」と話しました。何か気になることはあるかと聞くと、「母と同じ看護師になりたい」と言います。准看護師なら中卒でも学校に入れますが、今後を考えれば正看護師になった方が良いと思われ、初めから正看護師の学校に入るためには、高校を卒業する必要があります。加奈子さんは「高校に行こうかな」と話すようになりました。

看護学校へ行くための学費をアルバイトで稼ぎながら高校を卒業するには、通信制高校が良いと考え、受験して通うことになりました。

高校中退の要因として、①学校不信といじめられ経験、②不本意な高校進学、③成績不振、④健康上の理由、⑤反社会的問題行動、⑥家族の問題、などがあげられていて、高校中退を肯定的に捉えているのは「中退後に何かに取り組んでそれなりの成果をあげ、自分の行動が結果に結びついたという『連結性』を実感している人である」（長須 2015）と指摘されています。関わりを継続し、行動が結果に結びつく経験を提供できるかどうかが重要だと思います。

次に、高校卒業後から二〇歳までの「ひきこもり」について考えたいと思います。高校を中退せず卒業できればそれで良いかといえば、その後の進路が決まらなければ高校中退と同じ状況になります。選挙の投票年齢の引き下げが行われたとはいえ、二〇歳までは子どもとして扱われる状況は続いており、二〇歳までは親の責任と認識している親も多いように感じます。高校を中退するにしても、高校を卒業するにしても、二〇歳までの期間は、進学し学生を継続するか、または就職しなければ何のラベルも貼られない生活を送らなければなりません。一〇代は子どもから大人へと成長していく段階であり、親の管理下から徐々に離れていくことが求められる年代だと思います。ただ、私が出会った多くの事例では、親の影響が強く本人と親とが離れられない状況が見られます。当然のことですが、親だけに依存していれば、親の病気、死亡などが生じれば困ることになります。大事なことは、親だけに依存している状況から、親以外にも依存できる状況にしていくことです。

(2) 大樹さんの場合

大樹さん（仮名）は一八歳の男性。一七歳の高校三年の時に、一度母親と共に私の所属する機関に相談に来ていました。両親と一緒に生活をしていましたが、一〇歳の時、父親が精神疾患を患い精神科病院に入院しました。その後、退院しましたが、私の所に彼が来た当時、父親は再入院していました。大樹さんは自分も父親と同じ病気になるのではないかと心配になり、母親と共に来所しました。面接後、医師相談に繋ぎました。

大樹さんは年齢に比べて幼い印象がありました。学校ではいじめにあい、不登校も経験していました。緊張が強く、外出することは少なく、自室で携帯ゲームをして過ごしていました。医師相談では、過度なストレスで自分を追い込まないようにとのアドバイスがありました。相談を継続し経過を見ていくことを大樹さんと母親に提案しました。ですが、大学受験に専念したいとの本人の希望があり、相談を継続することができませんでした。

それから一年後、母親から連絡が入りました。大樹さんは、受験したものの結果は不合格。浪人して予備校に通うことを決めましたが、通うことはできず、自室にこもることが多くなりました。心配した母親が彼の部屋に入ると、机の上に開いて置かれたノートに「自分はダメな人間で、死んだ方が良い」などと書かれていました。母親は「どうしたら良いか分からない」と話します。「以前会ったことがある芦沢が会いたいと言っており、今から家に来る」ことを、大樹さんに伝えてもらうことにしました。

彼の自宅へいき会いました。「自分でもどうしたら良いか分からない」と言います。「気持ちを落ち着けるためには休むことが必要かもしれない。病院に一緒にいって先生に相談してみよう」と伝え、事前に連絡を入れておいた医療機関に、大樹さんと母親と私と一緒に行きました。医師の診察を受け、大樹さんはしばらく入院することになりました。

入院治療を終え、退院後は通院しながら大学受験に向けて自宅での勉強を続けることになりました。

それから三か月後、母親から相談したいとの連絡が入りました。来所した母親は、「先日健康診断を受けた所、病気が見つかり、入院しなければならなくなった。その結果によっては、大樹の面倒をみることが難しいかもしれない。夫のこともできないかもしれない。どうして良いか分からない」と泣きながら話します。私は、知りあいの弁護士に連絡を入れ、父親の成年後見制度の利用について協力を依頼し、母親が担っていた大樹さんの通院については、病院と相談することにしました。

親は自分自身に何かあった時のことを考えます。自分がいなくても本人ができるようになることを望みます。ですが、多くの親はその望みが叶わず、悩み苦しむことになります。本人ができるようになることと共に、親が担っていた部分を誰かが一人ではなく複数で支えられる体制を整えることが重要なように感じます。

（3）由紀さんの場合

由紀さん（仮名）は一九歳の女性。通信制高校を卒業後は、在宅でテレビゲームをするか携帯の動画サイトを見て過ごしていました。両親と祖父母、弟との五人暮らし。母親は精神的な不調を抱えていたため、市の保健師などが関わっていました。母親のことで関わる保健師が訪問した際、由紀さんに声をかけましたが本人は動きませんでした。一緒に暮らす両親、祖父母に、由紀さんの今後についてどう考えているか聞くものの、積極的に由紀さんをどうにかしようと動く様子は見られず、困った保健師から相談があって関わることになりました。

保健師の情報から、由紀さんが好きだというゲームを彼女の自宅近くの公共施設の部屋で一緒にしようと思いました。保健師から由紀さんに伝えてもらった相談日に彼女は現れました。プロジェクターにゲーム機を繋ぎ、壁に映し出された大きな画面に驚いていました。毎日ゲームをしているだけあって、次々とステージをクリアしていきました。相談の継続を提案すると了承してくれ、二週間に一度会うことになりました。

面接時の「何か気になることはありますか」という私の問いかけには、「ない」と答え続けました。ただ、特定の好きなマンガとゲームについては関心を示しました。由紀さんが好きなマンガのイラストの展示会が県内で開催されるという情報を聞き、話をすると、「気になる。いきたい」と言います。私は一緒にイベントに行くことにしました。由紀さんはマンガを読みゲームをする以外に、自室でキャラクターの絵を描いていることが分かりました。私は絵を描くことを提案しました。二か月後、由紀さんはカワイイ女性の絵を描いて持ってきました。

私達はそれぞれ相手の状態を測る基準を持っているように思います。マンガを読むこと、ゲームをすること、キャラクターの絵を描くこと。人によっては、それらは基準から外れており、趣味であれば良いが、それで生活はできないと言われてしまうかもしれません。でも基準の内容を変えれば、違う判断もできるのではないでしょうか。彼らの行動以上に、こちらの判断基準を何にするかが重要であり、それによって彼らの態度は変わるように感じます。

（４）運転免許の取得——宏さんの場合

一八歳を超えると自動車の運転免許の取得が話題にあがります。山梨県は公共交通網が十分ではないため、運転免許の有無が日常生活に大きな影響を与えます。免許がなければ、外出できる範囲も限られ、外出できる範囲内に通学、就業などの場所がなければ、家族などの支援がない限りひきこもり生活を続けなければなりません。

交通手段を考えた時、自動車以外に原付バイクも考えられます。原付であれば、自動車に比べて免許取得に時間がかからず、原付自体も安く購入することが可能です。ただ、多くのひきこもり事例の当事者は原付を嫌がります。

原付は上記のような長所がある反面、甲府盆地に代表されるように盆地で高低差があり、冬は路面が滑る山梨県では、危険で寒いという短所があります。免許を取るのであれば、多くの当事者は原付よりも自動車を希望します。しかし、自動車の運転免許取得に向けた行動に移るためには、クリアしなければならない関門があります。

まず、免許取得の方法として、短期間の合宿なのか自動車学校へ通うのかを選ぶ必要があります。短期間の合宿だと、期間が決まっている反面、彼らの苦手な集団生活をしなければなりません。合宿を行っている学校は限られているため、自宅から離れた場所に行かなければならない場合もあります。一方、自動車学校へ通う場合、自宅から通えても合宿のように短期の決められた期間ではないので、通学の手段を確保する必要があります。

これらのことを考え決断することに苦痛を感じ、その苦痛を避けて「今、必要なわけではない。必要になった時に考えれば良い」と、行動に移さない当事者も多くいます。そのため、彼らには免許を取得しなければならない「理由」が必要になります。
宏さん（仮名）は、作業体験を経て、食品製造の仕事に就くようになりました。就職後も面接は継続していました。自動車の免許取得について、定期の面接で話題にしていましたが、宏さんは「免許がなくても、だいじょうぶです。自動車学校に行くのが面倒です」と言います。就職して三か月後、仕事が忙しくなり月一回の面接の日程を組むことが難しくなりました。それから三か月間、彼とは会うことができませんでした。三か月後、久しぶりに会えた宏さんに、会っていなかった間の様子、仕事の状況を聞きました。

宏さん：仕事の内容は変わりません。食品を作り、納品しています。
私　　：製造以外に納品もしているの？　誰かに運転してもらって一緒にいっているの？
宏さん：自分でいっています。
私　　：自分で？　何でいっているの？
宏さん：車です。
私　　：車？　免許、取ったの？

宏さん：取りました。
私　：免許を取るのは嫌ではなかったの？
宏さん：嫌でした。
私　：免許を取ろうと思った理由があったの？
宏さん：上司に人が足りず、免許を取り、納品をしてくれると助かると言われました。自分もそうだなと思った。車は荷物が多く運べるし、便利でした。

5　まとめ

一〇代の事例は、他の年代と異なって学校という所属があり、入学、卒業など、本人が渋々でも受け入れる今の状態を確認し今後について考える契機があります。他の年代に比べて、節目を理由に私のような第三者も入りやすい年代だと思います。ただ、一〇代のそれぞれの段階で本人に関わる機関（小学校、中学校、市の子育て支援を主管する部署など）にとっては、その期間だけ関わればよく、それを過ぎれば関わらなくてもよいとも言えます。

私の所に相談の連絡が多く入るのは、小学六年、中学三年の夏過ぎの二者面談後です。卒業後の生活を心配した学校や、学校から話をされた家族から連絡が入るのです。高校なら、単位が足りずに進級・

卒業ができないことがある程度分かった時期が多く、本人、家族と関係を築き、今後のことを相談するには時間が短いと感じます。不登校や高校中退、高校卒業後の心配がある事例は、突然そのような状態になる訳ではありません。①本人、家族が困った時に、困ったと言うことができ、②困ったと言われた学校などはそれを受け止め、そこで話を留めず、③本人、家族に継続的に関わり続ける関係機関と連携していく体制を整えていくことが必要なのだと思います。

■参考文献

菱川愛・渡邉直・鈴木浩之 2017『子ども虐待対応におけるサインズ・オブ・セーフティ・アプローチ実践ガイド――子どもの安全を家族とつくる道すじ』明石書店
本田由紀 2014『もじれる社会――戦後日本型循環モデルを超えて』筑摩書房
井出草平 2012「社会学は役に立つのか?――ひきこもりの研究と政策を具体例として」荻上チキ・SYNODOS編『日本の難題をかたづけよう――経済、政治、教育、社会保障、エネルギー』光文社
岩間伸之 2014『支援困難事例と向き合う――18事例から学ぶ援助の視点と方法』中央法規出版
岩間伸之・原田正樹 2012『地域福祉援助をつかむ』有斐閣
貴戸理恵 2017「不登校サバイバルのための私の10カ条」松本俊彦・斎藤環・井原裕編『こころの科学 メンタル系サバイバルシリーズ 私はこうしてサバイバルした』日本評論社：60-67
宮本みちこ 2011「若者の自立保障と包括的支援」宮本みちこ・小杉礼子編著『二極化する若者と自立支援――「若者問題」への接近』明石書店：106-127
―― 2015「移行期の若者たちのいま」宮本みち子編『すべての若者が生きられる未来を――家族・教育・仕事

からの排除に抗して』岩波書店：1-32
長須正明 2015「教育のなかの困難――教育からの排除」宮本みち子編『すべての若者が生きられる未来を――家族・教育・仕事からの排除に抗して』岩波書店：33-62
野田彩花・山下耕平 2017『名前のない生きづらさ』子どもの風出版会
斎藤環・山登敬之 2011『世界一やさしい精神科の本』河出書房新社
斎藤環 2013「ひきこもりと不登校」『公衆衛生』77（5）：355-359
山登敬之 2014『子どものミカタ――不登校・うつ・発達障害　思春期以上、病気未満とのつきあい方』日本評論社
鷲田清一 2006『「待つ」ということ』角川学芸出版

第7章

高年齢のひきこもりとの出会い　折り合ってみよう！

「理解するとは、合意とか合一といった到達点をめがけるものではなく、分からないままに身をさらしあう果てしないプロセスなのではないかとおもえてくる。一致よりも不一致、伝達よりも伝達不能、それを思い知ることこそが、理解においては重要な意味をもつ、と。そういう苦い過程を踏んだあとでこそ、「あのときは分からなかったけれど、いまだったら分かる」ということも起こるのではないだろうか。そのとき、そういう過程をくぐることで、わたし自身が変わったのだ。そういう出来事が起こることが大事なのであって、その場で分かるか分からないかはたいしたことではない。理解はつねに時間的な出来事でもあるのだ。そのかぎりで、他者を理解するということのうちには、他者の想いにふれ、それを受け入れることで、自己のうちで何かが変わる。これまでとは違ったふうにじぶんを感じられるようになるという出来事が起こるということが含まれているのだとおもう。」（鷲田清一 2003：198-199）

1　はじめに

本章では四〇歳以上の事例を取り上げたいと思います。私の所でも四〇歳以上の事例の相談が増えています。四〇歳以上の事例と、私がこれまで主に関わってきた二〇～三〇代の事例との違いとして、家族も高齢化しており二〇代～三〇代の事例の家族に比べ、家族が本人に関わる力が弱くなっている、①社会に対する本人なりの考えが固定化していて、考え方に柔軟性が見られないなどが挙げられます。②
彼らには私と会わなければならない理由はありません。若い年齢層なら、これからの人生について本人なりに悩んでいる人もいますし、その場合は一緒に考えることができます。ただ、四〇歳以上の事例の場合は就労経験がある人がいます。就職し社会での経験を積んだ上でひきこもる場合、二〇～三〇代のようにこれからの人生の悩みを話題にすることがなかなかできません。また、社会での経験を経ずに若い頃から「ひきこもり」を継続している場合は、将来についてあきらめ、悲観していて、将来のことは考えないと決めている人もいます。
四〇歳以上の事例に関わるにあたり、初めは他の年代で使用した道具を使うことを試みましたが、あまり上手くいきませんでした。理由としては、お金を使うことができないということです。同時に、自分はお金を使える身分ではないと仙人のように悟っている事例も多くありました。以前に働いていた時の蓄えがある人は、ネットでゲームソフトなどを購入していました。しかし、蓄えがなければ家族からの支援が必要で、家族が本人に渡すお金がなければ、彼らは何も買うことができません。物欲をセーブされた状態とも言えます。その状態が続いていると自分はお金を使える身分ではないということになり、道具を持っていっても関心を示して触れる人は少ないという状況でした。

では、彼らは何をしているのかと話を聞いていくと、「自室の中で横になっているかじっと座っている（斎藤 2016b）」か、物欲をセーブされた分、パソコンでネットを繋ぎ、動画を見たり、小説を読んだり、ゲームをしていました。同居家族の力も弱くなっていて、他の年代以上に周りから何も言われない環境下で多くの時間を費やしています。

2　明彦さんの場合

明彦さん（仮名）は五〇代の男性。日中のほとんどの時間を、ネットの小説投稿サイトで一日二〇本ほど、投稿される小説を読んで過ごしています。以前は書店に行って本を買っていましたが、収入がないため、私がお会いした当時、明彦さんは、外出せず一日パソコンで小説を読む生活でした。ジャンルは異世界物を好み、現実から離れた架空の話でなら饒舌に話すのですが、自分自身の現実の話（日中、何をしているのかなど）は「特にありません」を繰り返しました。この仕事をしていると、「動きたい。でも動きたくない」と相反する気持ちを持つ二〇～三〇代の当事者に遭遇しますが、明彦さんは「動きたい。でも動きたくない」ではなく、「動かない」と決めているように感じました。

このような状況の人達と出会う時は、あらためて「折り合う」ということを意識して関わっています。私の所には、地域包括支援センターなどから、親の介護などを契機に表面化した四〇歳以上の事例

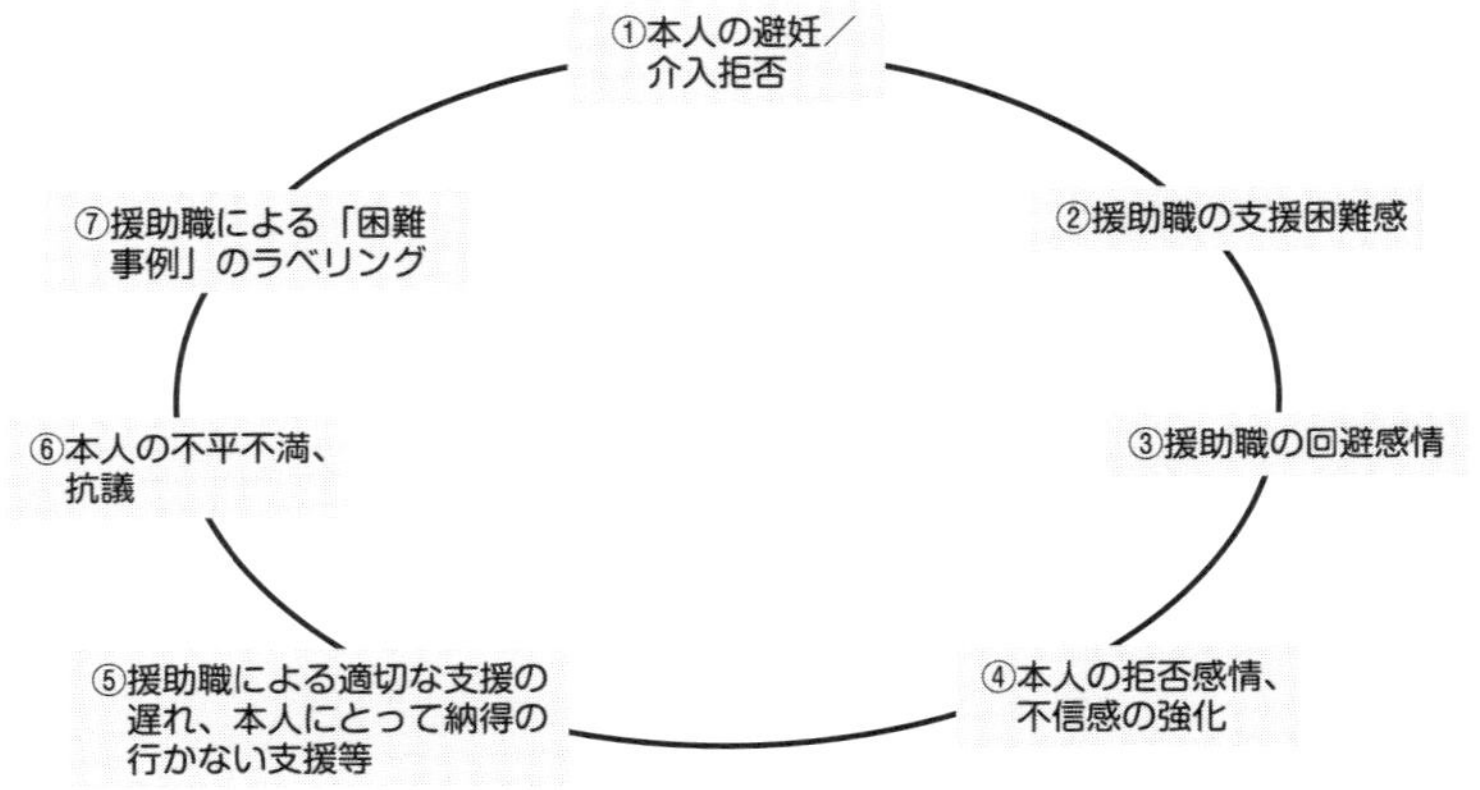

図４　相互援助関係形成の難しさ
出典：副田あけみ他（2012）『高齢者虐待防止のための家族支援』を修正

の相談が入ります。本人は困っていないように見える事例が多いと感じます。困っていない事例に関わると、本人からの否認、介入拒否に出会い、支援困難感を感じて、できれば関わりたくないという回避感情を持ちます（図4参照）。回避感情を表情や態度に出さないようにしても、相手には微妙に伝わってしまい、本人の拒否感情、不信感の強化に繋がり、私達は支援困難感をより強く感じるようになります。結果として、適切な支援に遅れが生じ、強引な対応を取ることになり、それに対して本人が不平不満を持ち、抗議するようになって、「私が支援をすることが困難な事例」に困難事例とのラベルを貼り、上手くいかなくても仕方がない事例だと思い込みたくなります（副田他 2012）。私達が関わる上で困るのは、相手が支援の対象になっていない時です。支援の対象になっていなければ、相手に周りと折り合うことを求めることはできません。

支援とは、困っている人に対して手助けすることと考えた場合、相手を「困った人」から「困っている人」にしていく必要があります（勝部 2016）。周りにとって「困った人」を「困っている人」にするには、①困っているのは誰か、②本人が困っていることは何なのか、③周りと折り合えることは何なのかを考えていくことが大切になります。困っていないように見える本人とどう折り合っていくのか、若い年齢層に比べ、四〇歳以上の事例にはその難しさがあります。

3 就労経験のある四〇歳以上の事例――幸一さんの場合

就労経験のある四〇歳以上の事例としては、以下のような人と出会いました。

幸一さん（仮名）は五〇代の男性。母との二人暮らし。高校卒業後、県外の工場に勤務していましたが、人間関係が上手く築けず、退職し、帰郷しました。その後は外出をせず、自宅での生活を続けていました。幸一さんが帰ってきた時に、母親は一度相談機関に相談していました。ですが、本人の希望がなければ何もできないと言われ、その後はあきらめていました。

年齢が八〇歳を過ぎ、自分に何かあったらどうすれば良いのかとあらためて心配になった母親から連絡が入り、私が関わることになりました。母親から話を聞くと、幸一さんは日中、ほとんどの時間を自室でパソコンを操作して過ごしていました。具体的に何をしているのかについては、分からないと母親は話していました。母親にとって「困った人」である幸一さんを「困っている人」にするために、前述の三点について以下のように整理してみました。

①本人がひきこもる行動に困っているのは母親であり、そのことで本人が困っているようには感じられない。②本人が困っていることは何かと考えた時、困っていない自分の状況を母親が第三者である私に相談したことではないか。③困っている母親と困っていない本人が折り合えるためにはどうしたらよいか。私はこれらのことを本人との話題にしてみようと思いました。
母親から幸一さんに、私の訪問について伝えてもらい、彼と会うことにしました。

私　　　：こんにちは。保健所の芦沢と申します。スイマセン。お会いすることができて、嬉しいです。ありがとうございます。
幸一さん：いえ、何の用ですか？
私　　　：スイマセン。要件も言わず。私は在家庭の生活をしている方の所に伺い、困り事を伺っております。幸一さんは、何か困られていることはありますか？
幸一さん：ないです。
私　　　：そうですか。では、心配なことはありますか？
幸一さん：ないです。
私　　　：そうですか。私は職業柄、ご本人以外にご家族にもお話を伺ったりします。その場合、多くの家族は本人のことが心配と仰います。今回、幸一さんのことを心配し、お母さんが私の所に来て下さいました。そのことについて、幸一さんはどう思いますか？
幸一さん：親だから、仕方ないと思う。

私　：そうですね。親はいつまで経っても、子どものことが心配なのかもしれませんね。
でも、その心配、嫌だなと思ったりしませんか？
幸一さん：まあ……
私　：今日、私は幸一さんに相談がしたいと思って、来ました。月に一回で結構なので、私と会っていただけませんか？　お母さんは幸一さんを心配して、私の所に来ました。今日、幸一さんは私と会って下さいました。でも、次は嫌だと思う気持ちもあるかもしれません。ただ、その場合、お母さんはまた心配になり、私の所に来るかもしれません。逆に、月一回、私と会って下されば、お母さんの心配は減り、幸一さんに色々言うことは減るように思います。月に一回一時間ほどで結構です。いかがでしょうか？
幸一さん：別にいいです。月一回ぐらいだったら。
私　：ありがとうございます。
幸一さんは、その後も初回訪問時に決めた月一回の訪問を受け入れてくれました。初めはこちらからの問いかけがなければ発言することはありませんでしたが、訪問を重ねることで、彼からの発言も増え、訪問日には着替えをし、髭を剃る姿が見られるようになりました。

4　就労経験を経ず、ひきこもりを継続している事例——英樹さんの場合

就労経験を経ず、若い頃から「ひきこもり」を継続している事例としては、以下のような人と出会いました。

英樹さん（仮名）は四〇代の男性。小・中学校の時にいじめを受け、不登校になりました。高校には進学せず、在宅での生活を続けていました。一緒に暮らす両親が自営業を営んでいたため、雑用など簡易なことを英樹さんに頼み、彼はそれのみを行う生活を続けていました。それ以外は自室でマンガを読みゲームをしていました。両親も年をとり、本人がやる気があれば自営業を継がせたいと思っていましたが、英樹さんにはその気は見られませんでした。両親が今後の英樹さんのことを心配する発言をすると、彼はそれに反応し、その日は両親が頼んだ雑用もしないといった状態が続いていました。英樹さんが一〇代の頃、両親が本人を連れて相談機関に行ったことがありました。しかし、応対した相談員の対応を英樹さんが気に入らず、数回の相談で終了となっていました。

その後、両親には何度か相談に行こうという気持ちはあったものの、英樹さんの状態を見てダメだろうと思い、あきらめていました。それでも英樹さんに対して、自営が嫌なら外で仕事をするように話し、そのことで本人と衝突を繰り返していました。

その当時、地元紙が「ひきこもり」を取り上げ、親も高齢化して、苦労している様子が紹介されてい

ました。記事に出てくる親を自分自身に置き換え、どうにかしなくてはという気持ちが強くなった両親から連絡が入り、私が関わることになりました。

両親は、英樹さんのことを「自分の嫌なことは一切しない。自分の決めたことは決めた通りでないと嫌がる。プライドが高く、自分が上の立場にいないとダメであり、自分に色々言ってくる人については拒絶してしまう」と話していました。

この事例でも、両親にとって「困った人」である英樹さんを「困っている人」にするために、前述の三点について以下のように整理してみました。
①本人がひきこもる行動に困っているのは両親であり、私はそのことで本人が困っているようには感じられない。②本人が困っていることは何かと考えた時、自分の状況を両親が理解してくれないことに困っている。③困っている両親と困っていない本人が折り合えるためにはどうしたらよいか。前述の事例と同様に、そのことを本人との話題にしてみようと思いました。
プライドが高く、自分が上の立場にいないとダメというのは、自信がなく、下の立場に自分を置いて傷つくのを避けているように感じました。また、自分の決めたことは決めた通りでないと嫌がるというのは、自分の決めたことであればできるということなのかもしれません。

自宅への訪問は本人が嫌がるとのことでしたので、まずは「私の所属機関に来てほしい。お会いしたい」という内容の手紙を書き、両親に渡しました。指定した日時、三〇分を過ぎても本人は現れませんでした。もう無理かなと思った時、英樹さんは現れました。

彼を部屋に案内し、話をしました。彼は持参したノートを取り出し、私に差し出しました。そこには英樹さん本人から見た経過が書かれていました。学童期のいじめ、その時の周りの対応とそれに傷ついたこと、そして最近の様子などが書かれていました。

英樹さんは、「両親の自分への対応が気に入らない。自分を大事にしていない」と言います。私は、「ご両親との関係は当事者同士で解決できれば一番良いですよね。ただ、これまでなかなか解決ができなかったのであれば、これから英樹さんがご両親との間で話をしても難しいような気がします。前回、私はご両親からお話を伺いました。今日、英樹さんに来ていただき、お話を聞くことができました。今日、英樹さんがして下さった話をどこまでご両親にするのかは相談したいのですが、二週間後、ご両親に再度お会いしたいと思います。そして、また英樹さんに来ていただき、再度相談させていただきたいと考えています。いかがでしょうか」と提案しました。英樹さんは、「そんなことをしても両親は変わらないし、解決できないと思いますが、しないよりかマシなのでそうします」と話しました。

その後、二週間毎に英樹さんと両親の相談を続けました。両親は将来への心配から英樹さんが自立に向けて行動することを願っていました。新聞に求人広告が出ていれば、それを英樹さんが食事をするテーブルの上に置いていました。英樹さん本人は自分自身が自立することは難しいと感じていました。難しいと感じている自立を両親が求め、自分のことを理解しようとしないことに怒っていました。私ができることは、彼と両親がお互いに折り合うことができる落とし所を一緒に考えていくことだと思いました。

5　本人と会えない事例——伸次郎さんの場合

もちろん、幸一さん、英樹さんのように会える事例ばかりではありません。二〇～三〇代の事例に比べ、会えない事例が多いように感じます。

伸次郎さん（仮名）は四〇代の男性。高校卒業後、就職しました。一〇年以上仕事をし、特に問題なく生活を送っていました。三年前に人事異動で変わった上司と人間関係が上手く築けず、気持ちが沈み落ち込むようになりました。初めは頑張って仕事に行っていましたが、一度仕事を休むようになると仕事になかなか行けなくなりました。会社からは今後のことについて連絡が入りますが、伸次郎さんはそれを拒否しました。家族に連絡が入り、家族が彼に話をしましたが、今度は家族の対応が気に入らないと反発し、自室にこもるようになりました。仕事は退職しました。

退職後も自室にこもる生活を続け、一緒に暮らす家族とも全く会話をしないことから、心配した母親から連絡を受け、私が関わることになりました。いつものように手紙を書き、母親に渡しました。母親から聞く伸次郎さんの状況から、彼の来所を期待することはできませんでした。伸次郎さんの部屋は自宅の離れにありました。そのため、彼がこもってしまえば、両親は本人と全く会うことができません。私は初めから離れを訪問することにしました。

事前に私からの手紙と共に、「私が相談をしている芦沢さんが〇月〇日、〇時〇分に来ます。良ければ、会って下さい」という母親の手紙を、離れの入口に置いてもらいました。

訪問当日、離れの入口は鍵がかけられ窓はカーテンが閉められていました。その後も曜日と時間を指定し訪問を続けましたが、入口が開いたのは一回のみで、なかなか直接本人とは会えませんでした。もちろん会えないから終わりという訳ではなく、その後も手紙を書き、曜日と時間を決め、訪問を続けました。

この事例で困っているのは両親であり、本人が困っているかどうかは家族にも分からず、仲次郎さんが困っていることを考えることもできませんでした。困っていることが分からない場合、後述しますが、本人が困る状況を作ることがあります。例えば、仲次郎さんの所に母親は昼、夜の二回、食事を運んでいました。運ぶのではなく、「食事を居間に置いておくので食べて下さい」と手紙を書き、本人に動いてもらうという形を取るのです。ただ、その場合、大切なことがあります。母親が食事を運べず、本人が居間まで食べにいかなければいけない理由は何かを説明できなければなりません。当然のことですが、今の状況を変えた方が良いと家族が思ったというのは理由にはなりません。いくら家族が思っても、本人がそう思えなければ、家族から一方的に突きつけられたと感じ、それに対して反発します。

以前、家族と一緒に食事を取らず、家族が食べ終えた後に部屋から出てきて、冷蔵庫から食事を出して一人で食べている事例と出会いました。私の所に相談に来た母親は、なかなか本人が自立に向けて動こうとしないため、「自分の分は自分で準備をするように」という手紙を書き、冷蔵庫に本人の分を残さないようにしたことがありました。本人は母親が求めるような自分での食事の準備はせず、その日から食事を取らないハンガーストライキをするようになりました。結果的に三日間食事を全く取らないため、母親が根負けして食事を準備するようになりました。一度このような状況になってしまうと、本人に関わることは難しくなります。今後、家族が食事のこと以外で本人に話をしようとしても、本人は食事の時と同じことをすると感じ、話自体ができなくなります。

伸次郎さんの場合、仕事を退職時、両親に今後の食事代などの費用としてお金を渡していました。彼には食事を受け取る理由があり、両親には食事を渡す理由がありました。今の時点で本人が困る状況を作ることが難しい以上、私ができることは今の状況がどう変わるのかを見続けていく、関わり続けていくことであり、訪問を続けることにしました。

訪問は本人と会うことが目的ですが、それと同じくらいに高齢化した家族を支えることが大切になります。伸次郎さんと会えないことを理由に訪問を止め、「何かあったら連絡を下さい」と言うことは簡単です。ですが、家族からその後連絡が入る保証はありません。細くでも繋がった糸を継続していくことが大事だと思います。

6　本人からのSOSがあがる事例――純さんの場合

前述のとおり、高齢の親とひきこもりの子どもの同居世帯の事例では、本人が困っておらず、周りが困っている事例に多く出会います。親の介護問題が生じた場合は、本人が介助をしないネグレクトや親の年金を搾取するといった経済的虐待で問題が表面化することがあります。ただ、自分自身への関わりは拒否するけれど親の介助は行い、介護負担の増大を受けて本人からSOSがあがることもあります。

純さん（仮名）は四〇代の男性。両親との三人暮らし。二〇代の頃は精神科へ受診していたものの数年で中断。その後は受診せず、自室で本を読むなどして過ごしていました。五年前から父親が寝たきりとなり、在宅で訪問看護を受けて生活していて、純さんは母親と共に父親の介助を手伝っていました。訪問看護で入っている看護師から、「現在は母親が動けるものの、高齢であり、母親が倒れた場合、純さんが両親を支えることは難しく、純さんの支援を目的に入ってほしい」という連絡を市役所が受けました。市役所から一緒に入ってほしいとの連絡を受け、私も訪問に同行することになりました。訪問当初、声かけをするものの、純さんは二階の自室から出てきませんでした。私は母親から聞いていた彼が好きそうな本を用意し、それに手紙を添えて置いていくことにしました。定期的に訪問を重ねると、扉から顔だけを出し、「だいじょうぶです」と話すようになりました。そんな状況が六か月ほど続いた頃、母親が外出先で転倒し入院することになりました。純さんは自宅で父親の介助を行うと共に、母親の入院先の病院と母親の今後について話をしていくことが求められることになりました。同時期に訪問すると、彼は自室から出てきました。

私：体調はどうですか？
純さん：あまり良くないです。
私：ご飯は食べていますか？
純さん：食べています。買い物にはいけないけど、家でご飯を炊いて食べています。
私：お父さんはどうですか？

純さん：父は変わりありません。
私　　：お母さんはどうですか？
純さん：母は入院しています。歩いていたのに、転倒し、急に歩けなくなりました。今後、母がどうなるのか心配です。
私　　：お父さんとお母さんの二人を抱えることは誰でも大変だと思います。私は純さんのことが心配です。純さんはどうですか？
純さん：自分がダメになったら、終わりだと思っています。
私　　：私にできることはさせて下さい。純さんの負担を少しでも減らせるように、相談させて下さい。
純さん：（うなづく）

ＳＯＳを出すことは大切なことです。ただ、ＳＯＳを出すにはそれを受け止める相手が必要になります。ＳＯＳはいつ出るか分かりません。いつ出るか分からない以上、私ができることは、定期的に関わり、ＳＯＳを受け止める用意をしておくことのように思います。

7　高齢者虐待等を契機に表面化してきた事例――良一さん、康雄さんの場合

同居の家族、特に親が高齢化していくと、親が私の所に相談の連絡をしてくることは難しくなります。

これまで本人を支えていた親自身が要介護の状態となった場合、自らSOSを発することができなくなります。その結果、親が介護サービスを利用する際に、介護者としてひきこもりの本人がいることが判明したり、徘徊している親を近隣の人が見つけ、市役所に連絡が入って介入しようとした所、同居の本人がいることが判明したりすることがあります。このような事例では、困っているのは本人ではなく、周りの関係機関などであることが多く、高齢者虐待が疑われる場合などでは難しい対応が求められます。私の所には、市の地域包括支援センターより、以下のような相談が入りました。

良一さん（仮名）は五〇代の男性。八〇代の母との二人暮らし。母親には身体疾患があり定期的に通院していました。通院先の主治医に、日中することがなく家ではお風呂にもなかなか入れないことを話した所、デイサービスを紹介され、週二日通うことになりました。デイサービスは問題なく通えましたが、ある日デイサービス中に具合が悪くなり、主治医に診てもらおうということになりました。デイサービスの職員が同居の良一さんに連絡した所、電話が繋がらず連絡が取れません。横になって休んだ所、母親の状態が安定したため、その日は受診しないで過ごしました。
翌日、デイサービスに来た母に相談員が話を聞いた所、「息子は一〇年前からひきこもっている。昔は会社に勤めていたが、人間関係で上手くいかず、退職。その後は私と一緒に暮らしている。私は何かあれば施設で暮らそうと思っているが、あの子はどうしたら良いのでしょう?」と話しました。話を聞いた相談員はどう対応したらよいか分からず、市に相談しました。市もどうしてよいか分からず、私の所に連絡が入りました。

困っているのは、母親から話を聞いたデイサービスの相談員であり、その相談員から相談を受けた地域包括支援センターの職員でした。母親の心配事がなくなり、周りが安心するためには、こちらの考えの通りに本人に動いてもらう必要がありますが、それはできません。私は、困っている母親が、困ってほしい本人に「困っている」と言えることが望ましいと思いました。この事例では困っている母親から相談を受け、困らなくても良いデイサービスの相談員、地域包括支援センターの職員が代わりに困っている状態になっています。困り事を母親に代わって引き受けるのではなく、相手に返していく、困ってほしい人が困ることは何かを考え、私達との間で折り合いがつけられることを探す必要があります。

他には以下のような事例に出会いました。


康雄さん（仮名）は五〇代の男性。八〇代の母との二人暮らし。母親が外を歩いていた所、近隣の女性が発見。靴を履いておらずソワソワした様子が見られました。声をかけると、家がどこか分からないと言うので、心配した女性が市へ連絡。市が訪問した所、家は片づけられておらず、食べた後のスーパーの惣菜の容器などがそのままになっていて、部屋は汚れていました。市は同居の康雄さんに話をし、母親の介護保険の申請と介護サービスの利用を提案し、了解をもらいました。

しかし、手続きを進めると、康雄さんは介護事業所との契約場面に姿を見せませんでした。市からの連絡も拒否するようになりました。市が何度連絡を取ろうとしても、拒否が続きました。母親は自分で食事の用意ができず、彼が買ってきたパンがテーブルの上に置かれていても、自分から取り食べることができませんでした。母親の生命の危険があるとの判断のもと、市が母親のきょうだいに連絡を入れ、手続きを取ってもらってショートステイを利用することになりました。母親と康雄さんが離れたことで、今後彼とどのように関わったらよいかとの相談が市から私の所に入り、関わることになりました。

私が訪問すると、家の玄関は閉められ、中から明かりが見えても応答はありませんでした。康雄さんは要介護状態の母親と同居する息子であり、役割は担えていないかもしれませんが、母親の介護者でした。彼と母親の生活費は母親の年金のみで、その管理を康雄さんがしていました。二か月に一度、彼の財布にはまとまったお金が入り、そのお金でこれまでと変わらぬ生活を送ることができていました。康雄さんは困っていないように感じました。困っていないため、支援の対象者ではなく、周りにとっては思い通りに動かない「困った人」になっていました。困るのは、彼にお金を使われて介護サービスの費用を払えない母親と母親を支えるきょうだい、その相談に応じている市でした。

困らなくても良い人が困っていて、困ってほしい人が困っていないことが問題であり、困らなくても良い人が困らずに康雄さんが困るためには、本人が困る状況を作ること、具体的には年金の振込先を変える必要があると思いました。純さんの事例などとは異なり、康雄さんが母親の通帳を管理し続けないといけない理由はなく、母親のきょうだいの協力を得て、振込先を変えることにしました。その上で、彼と向き合うことにしたのです。

8　本人の安否確認が必要になる場合――弘樹さんの場合

彼らとの間で折り合いをつけることができれば良いのですが、折り合いをつけるためには彼らと会う、会えなくても何らかの方法で対話する必要があります。ただ、訪問をするものの対話の機会を持てず、彼らの安否確認が必要になる場合もあります。

例えば、以下のような事例に出会いました。


弘樹さん（仮名）は五〇代の男性。両親との三人暮らしでしたが、父親は五年前に死亡。母親も半年前に認知症の症状から施設入所となり、私が関わった時は一人暮らしをしていました。弘樹さんは長くは続かなかったものの、以前は工場のライン等の仕事をしていた時期もありましたが、五年前から仕事はしておらず、母親の年金で生活をしていました。母親の施設入所に伴い、年金は施設の利用料などに使わなければならず、弘樹さんは年金に頼ることができなくなりました。

弘樹さんの今後の生活を心配し、市役所などが度々訪問するものの、自宅の玄関は閉じられており、彼からの応答はありませんでした。近隣住民にも弘樹さんの姿を見た人はいませんでした。ただ、母親の施設入所後二か月間は、夜に電気が点いていることを近隣住民が確認していました。しかし、その後は電気代の支払いが滞ったのか、電気が点いていることを確認できなくなりました。

市役所から連絡を受け、私が関わることになりました。市役所と共に訪問すると水道も止められていたので、同じ市内に住む親戚、警察に連絡を入れました。安否確認の必要があるとのことで、警察が開いていた窓から中に入り、一階の奥の部屋の扉を開けると、真っ暗な部屋の畳に座り、タバコを吸っている弘樹さんを発見しました。本人に話を聞くと、弘樹さんは市役所などの訪問には気づいていました。ただ、「母親に用があって来ているのであり、俺には関係ないと思った」と冷静に淡々と話していました。弘樹さんとは、今後、訪問時に外で声をかけたら、直接会わなくても応答だけはすることで折り合うことになりました。

9 まとめ

一〇代と異なり、四〇歳以上のひきこもり事例は学校という所属がなく、入学、卒業、成人など、本人が渋々でも受け入れざるを得ない、「今の状態を確認し今後について考える契機」がないため、そうした節目を理由に関わることができません。また、二〇代～三〇代に比べ、就労してお金を得る、結婚して家庭を持つといった目標を持たない事例が多く、私との間で目標を決めて関わり続けることができません。彼らと関わるためには、関わるキッカケと関わり続ける理由を準備する必要があり、そのことの難しさを感じます。

四〇歳以上の事例の場合、職場での人間関係のつまづきなどを理由に四〇歳を過ぎてからひきこもる事例が増えていますが、四〇歳前の早い段階からその状態が継続している事例も多くあります。今後、高年齢化した事例が増えていくことが予想される中、困った状態が固定化される前の早い段階で関わる仕組みづくりと共に、固定化された後の状態に対してどのように関わっていくのかについても考えていく必要があると思います。

■参考文献

荒井浩道 2014『ナラティヴ・ソーシャルワーク――〝〈支援〉しない支援〟の方法』新泉社
池上正樹 2013『ドキュメントひきこもり――「長期化」と「高年齢化」の実態』宝島社
―― 2014『大人のひきこもり』講談社
池上正樹・加藤順子 2016「ルポ・下流中年12人のリアル」雨宮処凛・萱野稔人・赤木智弘・阿部彩・池上正樹・加藤順子『下流中年――一億総貧困化の行方』ＳＢクリエイティブ株式会社：137-237
岩間伸之 2014『支援困難事例と向き合う』中央法規出版
垣田裕介 2016「社会政策における生活困窮者支援と地方自治体」『社会政策』7（3）：41-55
勝部麗子 2016『ひとりぼっちをつくらない』全国社会福祉協議会
ＮＨＫスペシャル取材班 2016『老後親子破産』講談社
斎藤環 2016a『ひきこもり文化論（文庫版）』筑摩書房
―― 2016b「ひきこもりと貧困」『精神療法』42（6）：71-72
境泉洋 2017『地域におけるひきこもり支援ガイドブック――長期高年齢化による生活困窮を防ぐ』金剛出版
副田あけみ・土屋典子・長沼葉月 2012『高齢者虐待防止のための家族支援――安心づくり安全探しアプローチ（ＡＡＡ）ガイドブック』誠信書房
竹中哲夫 2016『子ども・若者支援地域協議会のミッションと展望――〈増補版〉長期・年長のひきこもりと若者支援地域ネットワーク』かもがわ出版
ｐｈａ 2017『ひきこもらない』幻冬舎
鷲田清一 2003「臨床と言葉（1）――『語り』について」河合隼雄・鷲田清一『臨床とことば』ＴＢＳブリタニカ：192-221
山田昌弘 2017『底辺への競争――格差放置社会ニッポンの末路』朝日新聞出版

おわりに

「臨床における「専門性」というのは、事態の推移のなかでいつでも「専門性」を棚上げする用意があることだと書いたことがある。（中略）他者本位に思考と感受性を紡ぐということ。そのためには、専門家ですらじぶんの専門的知識や技能をもいったん棚上げにできるということ。それが、知が、ふるまいが、臨床的であるということの意味ではないだろうか。そうすると、「臨床」ということの意味も、医療現場に臨んでいるということではなくて、他者のことを他者のほうから見るということ、そしてそのためにはみずからの専門的知識さえ手放す用意があるというところにあることになる。そして、そこにこそ、臨床の、必然ではない自由があるのではないだろうか」、と。が、これも言い方としては不十分であることを、彼らとの話し合いのなかで教わった。専門性を捨てる用意があるだけでなく、専門性を捨てなければならないこと、つまりだれかの前でまずはひとりのひとであること、そういうたまたま関係をもつことになった個人として、普通のひとにそのまま対すること、普通にというのは腹が立つときはいらいらし、落胆するときはそのように表現していいこと、そういう意味では緩んでいるけれど、ある瞬間、脈絡を読み取ってぱっと看護士に戻れるというのがほんとうの意味での専門性ではないのか、と。」（鷲田清一 2003：203-205）

私とひきこもり事例との関わりについて、読んでいただき、ありがとうございました。おわりに私の関わりについて、まとめたいと思います。

私は継続して濃い関わりをしていません。私は、私の関わりがなくなることが一番良いと思います。そのため、本人が動き始めた時はあえて距離を置き、見守る形を取ります。

道具は、所属する組織が用意してくれたものはなく、私ができる範囲内で本人の興味に合わせて用意しています。相手を支援の対象者であると考えると話がおかしくなりますが、会ったことがない人の家へ行き、会ったことがない人に会おうとして、会えないのは当たり前だと私は思います。行く前に、予想される結果が分かっているのであれば、それに対する対策を講ずる必要があり、私にとってはそれが道具であったにすぎません。日々お会いするひきこもり事例では、置かれた環境や考え方などがそれぞれ異なります。文化が違うと言い換えても良いのかもしれません。道具を用意するという行為は、私にとっては文化の異なる外国の人と会話をする時に、相手の文化を理解しようとする行為と同じです。


道具はひきこもり事例の支援のために使用する訳ではありません。当然のことですが、ゲームが好きな当事者と一緒にゲームをすることが道具を使用する目的でもありません。

私は前述のとおり、支援者の立場から降りることにしました。私はアドバイスをする人ではありません。彼らと一緒に悩む人であり、一緒に考える伴走者です。伴走者になるためには、立ち位置を変える必要があります。私と彼らが正面に向き合って座り、問題に取り組むのではなく、彼らの横または斜め

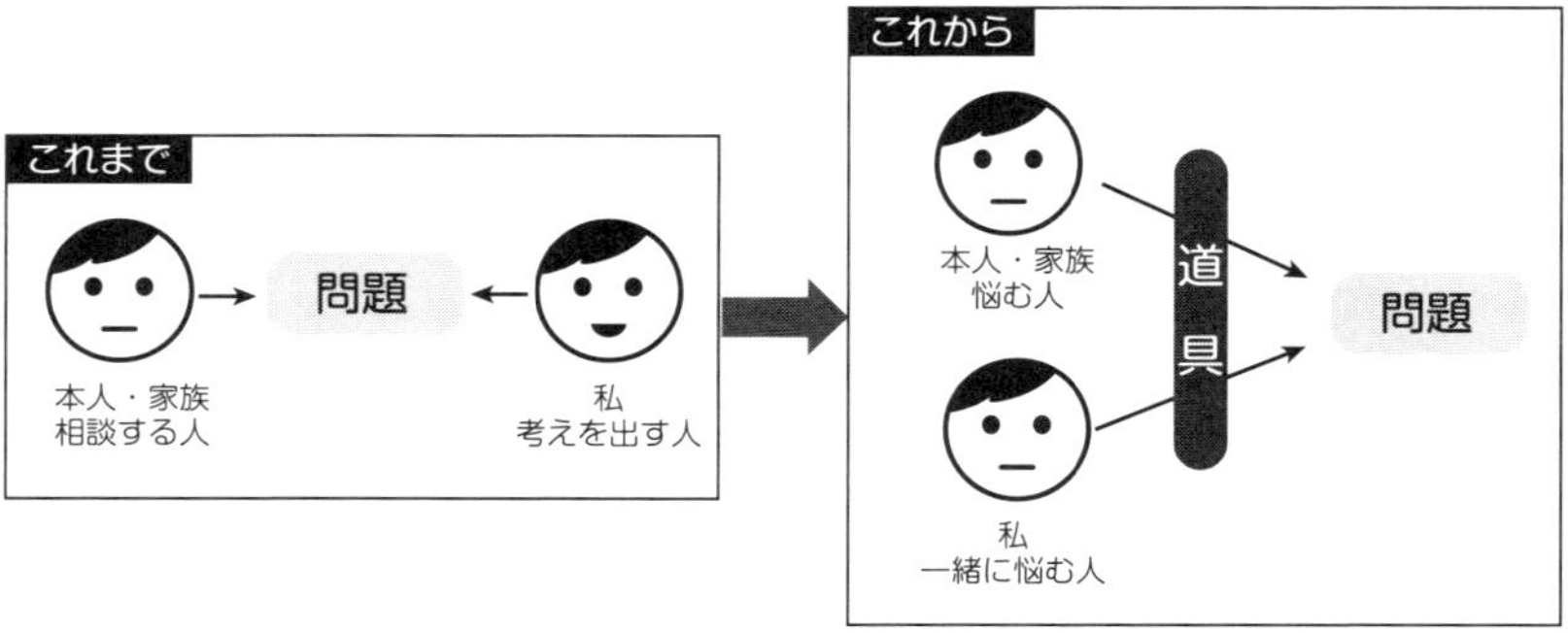

図５　立ち位置の変化（道具を含む）

に座り、共通の話題を一緒に眺め考える立ち位置に持っていく必要があります。道具はそのために使用します（図5参照）。道具にはそれ以上の価値はなく、当然のことながら関わりが重要になります。

では、関わりとは何を指すのか？　ひきこもり事例の相談について、本人に動きがない中で何を話したら良いのかが分からないとの話をよく聞きます。そのように話す専門職に日頃の相談状況について話を聞くと、相談の入口で、家族、本人から主訴を聞いています。その上で本人、家族がどのように進んでいったら良いのかの目標（ゴール）を設定し、その目標に向けて、本人、家族が行動できるように助言などをしています。目標には、社会が求めるもの（就労や就学など）が設定され、それが難しければその原因として精神疾患などが疑われ精神科受診が勧められます。目標と結果はイコールの関係であり、目標に向けてどれだけ近づいたかが評価の対象になります。主訴を聞くという入口があり、目標の設定という結果はあるものの、その間の過程（プロセス）が抜けていて、目標に届かなければ相談関係がとぎれてしまいます（図6参照）。

私は、主訴を聞きますがそこに重きを置きません。本人は私と会

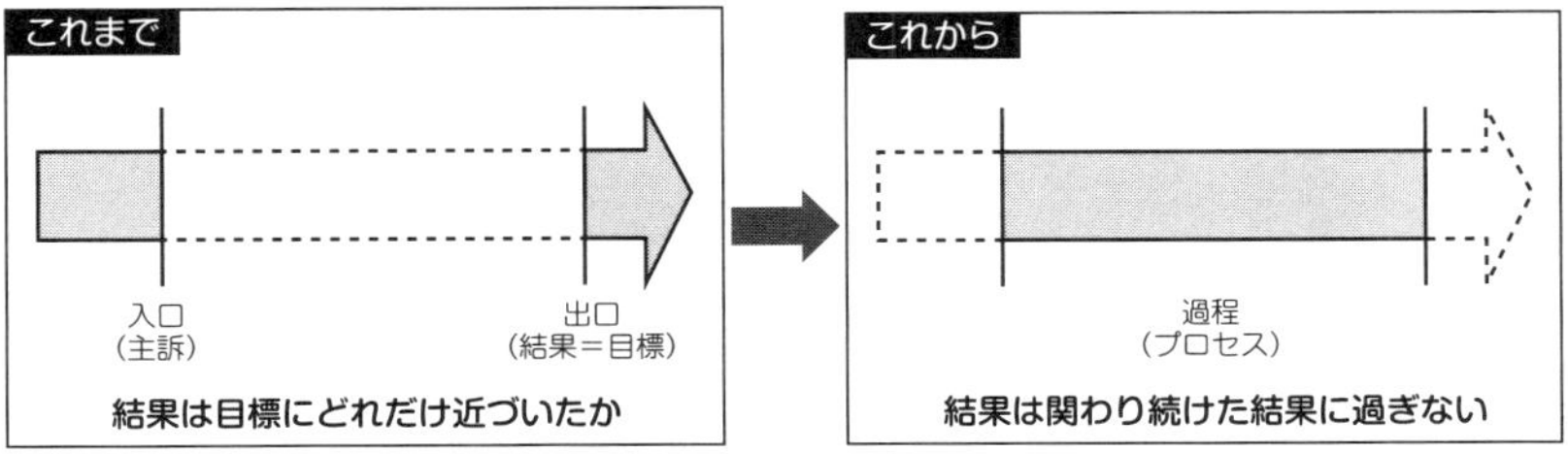

図６　支援の入口から出口に関する捉え方

うこと、話をすること自体を拒否することも多く、会うことができても、自分自身が何に困っているのかが分からないと話す人も多くいます。入口と出口以上に、関わり続けること、過程（プロセス）に重点を置いており、結果は目標にどれだけ近づけたかではなく、私が関わり続けた結果に過ぎないと考えています。

私は、支援における目標を決めません。目標はゴールになります。私にはひきこもり事例のゴールが分かりません。ゴールとして就労や自立などをあげる人がいるかもしれません。確かに就労や自立は大事なことです。ただ、社会では大事だとされることが、私が関わる一人ひとりに大事なのかは分かりません。将来的に大事なことであっても、私が関わる今の本人には大事ではないかもしれません。極端な話ですが、目標を決めないことが目標になっている人もいます。目標を決めることに執着するよりも、目標を定めず、今の本人と関わり続けることが大事であり、目標は必要になった時に定めれば良いと思います。

私は目標を決められないので、専門職としての評価をしません。評価をするには物差し、基準が必要になります。ですが、私にはひきこもり事例を測る物差しがありません。私も専門職であるため、精神医学的な対応が必要かどうかの判断はします。治療の必要性を判断し、精神科に繋ぐこともあります。ただ、前述のとおり、全ての事例に精神医学的な対応が必要な訳ではありません。また、それだけで彼らの今後の生活を測ることもできません。

物差しの候補として、他にコミュニケーション能力や就労準備性などをあげることはできます。ですが、それらが高ければ良いと言えるだけの根拠が私にはありません。コミュニケーション能力を上げることがなぜ良いのか、コミュニケーション能力が低いことがなぜいけないのか、本人に説明することができません。仮に、本人に対してサービス業の仕事が多く、コミュニケーションは必須として求められているからと説明したとして、ではどの程度あれば良いのかを説明できません。そもそものような基準はないように思います。

物差しがなければ、評価はできません。私は評価ができないので、支援における計画を立てません。計画は何のために作成するのかと考えれば、①本人と今後のスケジュールなどを管理できる、②専門職として計画を作成することは説明責任となる、などの答えをあげることはできます。ですが、スケジュール管理をしたいのは専門職であり、決まっていないことと共に何かを決めることにも不安を覚え、決めることがなかなかできない本人にとって、計画の作成に大きな意味があるとは私には思えません。

また、計画の作成により、説明責任を果たしたいのは専門職であり、計画の作成が支援の質や結果を担保する訳ではありません。計画は本人との関わりにおける手段、ツールに過ぎず、目的ではありません。必要であれば作成すれば良いものであり、作成することそのものが支援ではありません。支援者の責任は計画の作成ではなく、関わり続けることのように私は思います。目の前に起こることに本人、家族と共に向き合い、こちらのできること、できないことを提示した上で、彼らが折り合う過程に付きあい続ける。そのことが肝であり、計画も含め、道具は、本人、家族と同じ土俵にのるための手段にすぎません。道具を使用しても、関わりが今までと同じでは効果を発揮することはできません。

支援というと、私達は何をするのかを考えます。相手のできていない所を見つけ、あれも、これも、それもという形で私達のすることは増えていくように思います。「足し算の支援」と言っても良いのかしれません。ですが、考え、見つけたものを行う必要性はあるのかもしれませんが、それを今、行うことが良いのかどうかは分かりません。私達が行わなくなった後、それが続くのかも分かりません。そもそも、私達がそれをすることで本人が困る機会を奪うことになってしまっては意味がありません。大事なことは本人のじゃまにならないように、必要なことを必要な時に、必要なだけ行うことであり、あれも、これも、それもといった形で、することをあげることではありません。また、逆にすることがあがらないことを理由に、何もしないことでもありません。することを考える。その中で何をしないのかを考える。することの中から今はしない方が良いことを引いていき、今できることを積み重ねていく。「足し算の支援」ではなく、「引き算の支援」が必要なのだと思います。

ひきこもり支援を始めた時、私は家族、本人に変わることを求めました。本人との密着した関係から離れることを家族に求めました。こだわる過去ではなく、将来を考えるように本人に求めました。そして、変わることができない家族、本人の原因を探し、専門職としての意見を家族、本人に伝えていました。今のままではいけないとのメッセージを送っていました。家族、本人のうち、誰かが変われば、それが影響して変わっていくと伝えていました。ただ、その中に私は含まれていなかったように思います。でも、関係性を考えた時に、私もその輪の中に含まれるように感じます。であれば、まず変わらなければならないのは私なのかもしれません。私が変わることで、結果として、家族が変わり、本人も変わるのかもしれず、問われているのは、私であり、私のひきこもり事例への姿勢であると思います。

本書のタイトルを『ひきこもりでいいみたい』とつけました。ひきこもりは社会の中では良くないこととして捉えられています。「ひきこもりがいい」や「ひきこもりでもいい」とはなかなか言えません。ですが、ひきこもりがダメだとも私は言いたくありません。社会の中ではダメなのかもしれないけど、色々やってみたら「どうやらひきこもりでいいみたい」と言える関係が素敵なのだと感じます。それは私が彼らに対して言いたいことであると共に、当事者である本人が他の当事者に言いたいことかもしれません。でも、もしかしたら「ダメな芦沢さんでもいいみたい」と彼らから私が言ってもらいたいのかもしれません。

■参考文献

鷲田清一 2003『老いの空白』弘文堂
——— 2010『わかりやすいはわかりにくい?——臨床哲学講座』筑摩書房

謝　辞

最後に、お世話になった方々に感謝を申し上げたいと思います。

私は福祉を学ぶために大学に進学しましたが、ソーシャルワーカーになりたいとの自覚は入学当時ありませんでした。ですが、今もお世話になっている相原和子先生に大学で出会い、ソーシャルワークを教えていただく中で、その魅力を感じ、ソーシャルワーカーになりたいという気持ちが芽生えました。大学卒業後、現在に至るまで、先生には小原直人さん、山本啓太さん等の同期生と共に、定期的に事例検討などを行う機会を設けていただき、学ばせていただいており、その学びが私の基礎になっていると思います。

私は大学卒業後、正規の仕事に就き、事例と向き合う自信がありませんでした。そのため、大学卒業後は精神障害者小規模作業所や母子生活支援施設などの非常勤職員を掛け持ちしながら、福祉系の大学院に進学しました。大学院では副田あけみ先生のもとで学びました。実践を続けながら、まとめる作業を続けてこられたのは、先生からの学びがあったからこそだと思います。

また、大学院修了後も先生が代表を務めるＡＡＡ（安心づくり・安全探しアプローチ）研究会に誘っていただき、学ぶ機会を与えていただきました。本書では四〇歳以上のひきこもりについても取り上げましたが、ＡＡＡ研究会での学びが影響を与えてくれました。

大学院修了後、私は精神科病院に勤務しました。私なりに努力しましたが、努力すればするほど、自分自身の限界を感じるようになり、最終的には退職しました。退職後は、非常勤の仕事を掛け持ちしながら、自分の進む方向性を探りました。それまで私は福祉ばかりを見ていました。逆に、福祉以外は見ていませんでした。福祉以外を学びたいとの気持ちから、地域づくりをテーマとして掲げる大学院に進学しました。大学院ではこれまで接することがなかった経済、法律などについて学ぶと共に、福祉業界ではない様々な分野の人達と出会うことができました。本書でご報告した集団支援や就労支援は、ここでの学びがなければ取り組むことができなかったと思います。

また、指導教員ではないにも関わらず、在学時、修了後も継続して気にかけて下さった金早雪先生に感謝申し上げます。元々、本書はこれまでの取り組みをまとめたいという私の想いを受け止め、出版社への仲介に先生がご尽力いただいたことが始まりになります。

そして、私の拙い文章を書籍化して頂いた生活書院の髙橋淳さんに感謝申し上げます。私に単著を執筆する機会を与えて頂いたことに感謝の気持ちで一杯です。

最後に、私の取り組みを支えて頂いた職場、関係機関の皆さん、私に相談という機会を通じて様々なことを教えてくれているご本人とそのご家族、そして私を日頃から支えてくれている家族に感謝申し上げます。ありがとうございます。そして、今後ともよろしくお願いします。
芦沢茂喜
二〇一八年の春に

本書のテキストデータを提供いたします

本書をご購入いただいた方のうち、視覚障害、肢体不自由などの理由で書字へのアクセスが困難な方に本書のテキストデータを提供いたします。希望される方は、以下の方法にしたがってお申し込みください。

◎データの提供形式＝ CD-R、フロッピーディスク、メールによるファイル添付（メールアドレスをお知らせください）。
◎データの提供形式・お名前・ご住所を明記した用紙、返信用封筒、下の引換券（コピー不可）および200円切手（メールによるファイル添付をご希望の場合不要）を同封のうえ弊社までお送りください。
◉本書内容の複製は点訳・音訳データなど視覚障害の方のための利用に限り認めます。内容の改変や流用、転載、その他営利を目的とした利用はお断りします。

◎あて先
〒 160-0008
東京都新宿区三栄町17-2 木原ビル303
生活書院編集部　テキストデータ係

【引換券】
ひきこもりで
いいみたい

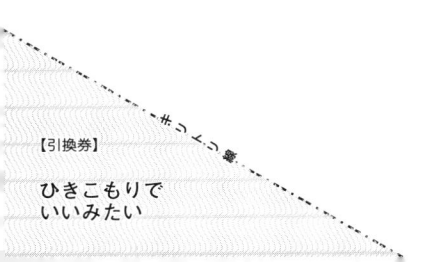

［著者略歴］

芦沢茂喜（アシザワ シゲキ）

ソーシャルワーカー（精神保健福祉士、社会福祉士）、第1号職場適応援助者（ジョブコーチ）。

国際医療福祉大学医療福祉学部医療福祉学科卒業、東京都立大学大学院社会科学研究科修士課程（社会福祉学）修了、信州大学大学院社会政策科学研究科修士課程（経済学）修了。

山梨県内の民間精神科病院等での勤務を経て、山梨県庁に入庁（福祉職）。中北保健所峡北支所、精神保健福祉センター、峡東保健福祉事務所を経て、現在は中北保健福祉事務所に勤務。

主な論文に、

「『病院の子』が地域で生活するために――精神科長期入院者への地域移行支援」（『ソーシャルワーク学会誌』23：74-75、2011年）、「精神科未受診者への地域生活支援――リスクと自由のはざまから」（『ソーシャルワーク研究』38(4)：57-61、2013年）、「集団支援段階以降のコンビニを活用したひきこもり事例への支援」『ソーシャルワーク研究』42(3)：50-55、2016年）など。

ひきこもりでいいみたい
――私と彼らのものがたり

発　行――二〇一八年七月三一日　初版第一刷発行
著　者――芦沢茂喜
発行者――髙橋　淳
発行所――株式会社　生活書院
〒一六〇―〇〇〇八
東京都新宿区三栄町一七―二　木原ビル三〇三
TEL　〇三―三二二六―一二〇三
FAX　〇三―三二二六―一二〇四
振替　〇〇一七〇―〇―六四九七六六
http://www.seikatsushoin.com

印刷・製本――株式会社シナノ

Printed in Japan

ISBN 978-4-86500-083-2